进阶力

从被动努力到主动进取

张笑恒◎著

中国商业出版社

图书在版编目（CIP）数据

进阶力：从被动努力到主动进取 / 张笑恒著 . -- 北京：中国商业出版社，2019.11
ISBN 978-7-5208-0973-3

Ⅰ . ①进… Ⅱ . ①张… Ⅲ . ①成功心理 – 通俗读物
Ⅳ . ① B848.4-49

中国版本图书馆 CIP 数据核字 (2019) 第 249164 号

责任编辑：张新壮　张盈

中国商业出版社出版发行
010-63180647　www.c-cbook.com
（100053　北京广安门内报国寺 1 号）
新华书店经销
北京富泰印刷有限责任公司印刷

*

880 毫米 ×1230 毫米　32 开　8.5 印张　218 千字
2020 年 1 月第 1 版　2020 年 1 月第 1 次印刷
定价：45.00 元

****

（如有印装质量问题可更换）

前言
PREFACE

某天清晨,你突然对起床上班产生了深深的抵触情绪,你会选择休息一天,还是强迫自己按部就班去工作?

职场中发现了自己的短板,你会主动弥补,还是被动回避?

下班后需要加班,你是出于主动,还是看到同事们都没走而自己也不好意思先行离开?

你是否总在抱怨工作压力太大,薪水太少,公司太远,却从未想过自己的工作状态消极?

其实,你是在为自己不上进找理由!而这背后往往是惰性在作祟。有些人以为自己家境殷实,就可以不努力;有些人看到圈子内其他人安逸舒适,自己也就放弃了进取心态;还有人整天嚷嚷着"平凡是真",殊不知,这就是典型的"一生碌碌无为,还安慰自己平凡可贵"。

从心理学的角度讲,长期安于现状被惰性支配而不肯努力的人处于自己的"舒适区",这个"舒适区"既包括物质上的也包括精神上的。在"舒适区"里,你会觉得轻松舒缓,但这种极度放松的状态会逐渐侵蚀人的进取心。

在"舒适区"里碌碌无为的你需要用高度的自律来克服自己的惰性,也需要找到一种内在的动力促使自己走出这一区域,明确前进的方向，让自己的努力更精准。将"时间管理四象限法则"运用到能力的划分上，可以让你清楚究竟需要提升自己哪方面的能力。这个能力一定不是你的短板而是长板，加长长板会让它成为你的核心竞争力。

明确了方向，你依然会遇到这种状况，明明已经很努力了，但仍然没有实质性收获，这就是我们常说的效率低下问题。如何解决？你需要掌握时间管理法。另外，一些没必要过度纠结的小事就即刻果断处理，一些没有营养的社交活动也要学会拒绝。

观察一下周边的高效人士，你会发现，他们大都是"清单控"，通过清单来管理自己的工作和生活。他们的手机里装有一些不被我们熟知的App，这些App就是提升工作效率的"神器"。

效率问题解决之后，在主动进取的道路上你面临的困难便是持之以恒。你天真地以为自己能经得住诱惑，却发现定力其实是最靠不住的；你强迫自己做事，却发现自己不想做的事情是强迫不来的。这些都是你半途而废的原因所在。

心理学中的"21天效应"能在这方面帮到你，持续21天的行为可以转化为一种习惯，让做事持之以恒变得更容易。经济学中的"沉没成本效应"也会告诉你，有时候"付费制"会帮助你更好地坚持下去。

人生需要进阶，必须要有主动心态，它代表的是一个人对自己的高度负责，而习惯了被监督、被强迫的大多数人所缺乏的正是这种状态。成年人的世界里，不会再有人对你进行严格监管，你所做的一切都是为了自己。也许你曾经给自己的不上进找出了种种堂而皇之的理由，但你要明白，你不用说服任何人，因为他人不会为你的不上进而埋单，最后承担后果的只有你自己。

目 录
CONTENTS

第一章　如何激发自己的内在原动力

1. 你在为谁努力 / 2
2. 别指望依赖父母一辈子 / 5
3. 努力都靠他人督促，一定成不了事 / 8
4. 控制一切的自律 / 11
5. 如何在他人的质疑和猜测中坚持 / 14
6. 想放弃的时候，如何给自己加油打气才有效 / 17
7. 就算结婚生子，也不放弃自己的人生 / 20

第二章　修炼自动自发的职业态度

1. 要么选择离开，要么停止抱怨 / 24
2. 想混的时候问问自己，对5年后的自己有什么期望 / 27
3. 从不想额外付出，谈什么额外获得 / 31
4. "钱多事少离家近"的工作会害了你 / 34
5. 不要仅仅为了糊口，去做一项没有成长空间的工作 / 37

6. 想赢得公平，就让自己无可替代 / 41

7. 能否把工作当成一种享受 / 45

8. 拥有"打工者思维"，未来必被淘汰 / 49

第三章 最容易找的是借口，如何战胜体内的惰性

1. 身边的人都很悠闲，我为什么还要努力 / 54

2. 分清楚他人期望的和你想要的 / 57

3. 如何才能有资本对这个世界说"不" / 60

4. 别拿平凡可贵当不努力的借口 / 64

5. 如何战胜深植于体内的惰性 / 68

6. 主动思考，不轻易盲从 / 71

7. 跟随兴趣点，寻找你的优势所在 / 74

第四章 迈出舒适区，走进挑战区

1. 年轻的时候，去追逐变化而不是稳定 / 78

2. 给自己危机感，提升改变的动力 / 82

3. 如果有两条路，选择难走的那一条 / 86

4. 多尝试一些未知的领域 / 89

5. 永远不要拿年龄作为你将就的借口 / 93

6. 给自己设定有挑战性的目标 / 97

7. 拓展朋友圈，不只在熟悉的圈子里混 / 100

8. 打破思维惯性，跳出舒适区 / 104

第五章　快速走出对未来的迷茫

1. 你努力了那么多年，为什么还在原地踏步 / 108

2. 你的努力是一场仪式吗 / 111

3. 如何发现自己的优势 / 115

4. 划分能力四象限，了解你需要提升的能力 / 119

5. 到底是要加强长板还是弥补短板 / 122

6. 你了解你所在的行业吗 / 125

7. 遭遇职业瓶颈，是进还是退 / 129

第六章　打造高效时间管理系统

1. 总是很忙，可能是方法不对 / 134

2. 做重要但不紧急的事情 / 137

3. 别总在无关紧要的小事上纠结 / 140

4. 高效能人士都是清单控 / 144

5. 学会拒绝，你以为的合群有时就是浪费生命 / 148

6. 一个高效的学习者手机里装有哪些 App / 152

7. 离开手机没你想的那么难受 / 156

第七章　拒绝拖延，即刻行动改变一切

1. 梦想越具体越容易实现 / 160
2. 别再给拖延找理由了 / 163
3. "现在"就是最好的时机 / 167
4. 有太多事情要做，却不知道从何处下手 / 171
5. 害怕失败不敢行动？如何迈出第一步 / 174
6. 下定决心改变，就不要瞻前顾后 / 177

第八章　如何在一件事上坚持三年以上

1. 不要高估自己的定力 / 182
2. 为什么你总是半途而废 / 185
3. 自律是坚持的秘密 / 189
4. 真正牛的人都是在匀速前进 / 192
5. 持续给自己成就感 / 196
6. 21天效应：让坚持成为习惯 / 199
7. 使用付费制，让沉没成本帮助你完成目标 / 203
8. 坚持有多难，收获就会有多大 / 206

第九章　提升自我竞争力

1. 年轻人，别急着说自己不喜欢某某工作 / 210
2. 目标足够坚定，才有实现的可能 / 213
3. 敢不敢归零，从头再来 / 216
4. 把握不确定中的机会 / 219
5. 保持对新事物的敏感性无比重要 / 222
6. 与外界发生冲突时，学会改变自己 / 225
7. 不断修正目标，避免徒劳努力 / 229

第十章　终极进阶，资质平平也能逆袭未来

1. 适当离群，做更优秀的自己 / 234
2. 方向对了，勤才能补拙 / 238
3. 学历低，职业发展的出路在哪里 / 241
4. 没好的出路前，先把工作当事业 / 245
5. 百万年薪是规划出来的 / 249
6. 试着比他人多想一步 / 253
7. 凡事要能预见未来 / 256
8. 断舍离，给人生做减法是进阶的终极智慧 / 259

如何激发自己的内在原动力

进阶力 从被动努力到主动进取

第一章

1．你在为谁努力

如果说要在公司里找出一个活得最开心的人，我相信这个人非你的老板莫属。你的老板每天的工作量并不小，肩上的压力也远超于你，但无论多忙多累他总是公司里最开心的那一个，这是因为他的努力都是为了自己。相对而言，努力工作的你之所以会感到痛苦，这是因为你只是在为他人而努力。

几个月前，一位编辑向畅销书作家周妍约稿，请她为一套青少年丛书写八篇序言。在接到这个工作时周妍和这位编辑进行了简单的沟通，了解了稿件的要求和大致的方向，最后编辑限定她必须要在两个月内完成。

这份工作只能算周妍的一份"兼职"，她手里还有一份全职的工作。不巧的是那段时间工作格外繁忙，经常性地加班。每天晚上，她拖着疲惫的身体回到家时，一想起还有稿子要写，心中就会升起一股烦躁的情绪。

在这样的情绪下，她拖拖拉拉的用了三个月才完成了那八篇序言。但编辑在看过她的稿子后毫不留情地给她退了回去，还附上了详细的修改意见和几篇用来参考的稿件。周妍看着这满满一页的修改意

见,心中一团怒火,同时她又想到稿费支付的时间和图书出版的时间都还没有定下来,所以一怒之下,她推掉了这个活儿,而之前所有的努力都付之东流……

做任何事情之前都会有一个动机,这个动机既决定了你做这件事情的心态,也为你提供了完成这件事情所需要的动力。当然,这个动机最后也决定了这件事情最终的结果。

做事情的动机有的来自外界的压力,有的来自自身的渴望,这两种不同来源的动机又会产生两种不同的驱动力。但自身的行动必须由自身内部产生驱动力来促成,所以,外界的压力在转化成内在的驱动力之后才促成了行动的发生。不同的是,外界的压力在转化成行动所需的动力时会让人感到焦虑,这也是在为他人而努力会感到痛苦的原因。而以内心的渴望为驱动力的行动则不然,在这样的行动中,与行动相伴随的是事情一步步完成而产生的满足感,这样的满足感会让人产生一系列诸如欣喜、鼓励之类的积极情绪。

努力本身就是一件痛苦的事情,大多数的努力都是对身体的一种透支,透支的不是体力就是精力,有的时候甚至是二者兼备。这样的痛苦一方面让人难以长久地坚持下去,另一方面也导致了一些人的努力变成了一种"应付"。这样一来,想要通过努力来达到的那个目的就很难实现了,努力也就成了一种徒劳无功的痛苦经历。

这时就需要一个很好的动机来为你的努力提供长久的内在驱动力,这个驱动力只能是为自己而努力。这个驱动力由自身内部产生,不会为你带来焦虑和恐慌,也不需要刻意地去坚持、去督促,一切行动都在一种自然而然的状态下进行。最终的结果也会因为这样的务实而不折不扣地达到你所预期的效果。

以下方法能帮助你做到"为自己而努力"。

列出自己获得的好处

你做的任何努力，或直接或间接都会给自己带来一些好处。当你强化这些好处时，你在努力的时候就会把原本为"他人"而做的事情转化成"为自己而努力"。

比如，你经常会迫于同事都在加班的压力而不得不加班，这样的加班让你感到痛苦难熬。这时，你可以把加班所能为你带来的切身利益一一列举出来：工作能力得到提高，获得更多的报酬……这样的行为能让你很好地把外界的压力变成一种内心的需求。

建立回报机制，提升幸福感

努力时所产生的成就感会消除努力中产生的痛苦感，制订回报机制，是一种强化幸福感的行为。你在努力的过程中可以阶段性地对自己进行一些小小的奖励。比如，加班之后吃一顿好吃的，这样做一方面提升了努力之后获得的幸福感，另一方面也会暂时性地将对美食的渴望转化为加班的驱动力。

追踪事情的完成进度

一些努力之所以会让人痛苦，是因为长久的付出却看不到希望。在固定的期限内追踪事情完成的进度，既可以对整个任务的进展情况有个整体的把控，还可以阶段性地提升事情完成后的成就感。

比如，你正在坚持阅读，每一周的周末对这一周的阅读进行一个小总结：读了多少页的书，学到了哪些知识，有哪些感悟。这样的追踪能让你感受到切切实实的进步，也能刺激你下一个阶段的努力行为。

努力不是一件轻松的事情，别把努力的动机寄托给外界，为自己而努力才能让努力不那么痛苦，也可以让努力更踏实。

2．别指望依赖父母一辈子

随着年龄和阅历的逐渐增长，我们对"人情"看得越来越重，也渐渐地发现这个世界就是一个"人情"的世界，对那句"在家靠父母、出门靠朋友"也是越来越深信不疑，为此我们拼命地扩大自己的社交圈子，但最后又发现真正能让我们依靠的只有自己。

娜娜是家里的独生女，从小就被长辈们捧在手心里，这让她几乎丧失了独立生存的能力。上大学时，她找了一个男朋友，从此男朋友成了她生活的中心。事无巨细她都要向男朋友征求意见，平时还要男朋友陪着她一起吃饭、自习，甚至是放假回家的时候，也要男朋友把她送到火车站。

大学毕业后她跟着男朋友去了另一个城市，并在男朋友的陪同下找到了工作。但两人工作之后，娜娜对男朋友的过度依赖就成了他们俩发生矛盾的主要源头。男朋友的工作很忙，经常需要加班，但娜娜却总抱怨男朋友陪她的时间太少，对她越来越冷漠。因为这个问题俩人没少吵架，渐渐地，娜娜的这些行为让男朋友感到心力交瘁，最终提出了分手。分手之后，娜娜只好回到老家，在父母的帮助下重新开始求职。

依赖，每个人都会有，但这样的毛病在我们这一代人的身上似乎更加严重。我们读书的时候，家长放下手中的工作专心陪我们在外读书，我们工作了也有的人带着父母一起"北漂"。我们的依赖对象除了父母之外，还寄托在朋友、恋人的身上。我们衡量一段友谊、一段爱情的标准是形影不离和随叫随到，或者说是对方为自己做了那些本应该自己做的事情。

这样的行为其实是非常危险的，你对他人的过度依赖会给他人的生活带来额外的负担，即便是你在对方的心中占据着至关重要的地位，但过多的压力也会让对方感到痛苦不堪。而对方一旦因痛苦而无法继续这段感情时，离开的无论是亲情、友情还是爱情，都会使你的生活失去前进的方向。

任何依赖都只能是暂时的，没有谁能让你依靠一辈子，即便是父母也无法做到这一点。父母或许会是你最坚强的后盾，但他们给你的依赖也会受到时间的限制，与你的成长相对应的是父母的衰老，渐渐地你会发现，父母能给你的支撑越来越少。

而友情和爱情带给你的依赖更是如此，无论是友情还是爱情，都必须建立在平等的基础上，双方公平地付出，平等地收获才能让这段感情维持下去，而你对对方过度的依赖很容易打破这种平衡。你的依赖导致了你的索求大于你的付出，并且在你的付出中，有一些是你强加给对方的，而这些都会导致感情的破裂。

也有的人试图依赖所谓的"人脉"，但你所谓的"人脉"更多的是一种互利的关系。这是一种建立在利益之上的表面化的友谊，它得以建立的前提是对方在你身上能得到一些利益，一旦这些利益消失，你们彼此之间的关系也会立刻破裂，不会有任何"降温"的过程。

古人说，"世间好物不坚牢，彩云易散琉璃脆。"依赖的确是一个美好的词汇，但它并不能伴你一生，就如同网络上流传的那句话

"孤独才是人生的常态"一样。

以下方法能帮助你尽早地独立起来。

一个人做一些"两个人"的事情

很多时候，我们之所以会依赖并不是自身不具备某种能力，必须依靠他人来完成某件事情，而是因为一个人会孤独、会尴尬。依赖其实就是为了避免这种孤独和尴尬，比如看电影和吃火锅。这两件事情每个人都会，但很少见一个人去做，因为在公众的认知里，这样的事情应该两个人做。

克服依赖要做的第一件事情就是战胜这种公众认知，一个人尝试着去逛街、去看电影、吃火锅，你会发现这些事情就算是一个人做也没有想象的那样孤独和尴尬。

谋划一趟一个人的旅行

还有一部分人的依赖是因为缺乏独立生存的能力。这些人很可能是独生子女，从小到大一直在长辈的呵护中成长，平日里缺乏生活技能方面的锻炼，一旦脱离了家庭的庇护，独自过活就会手足无措，四处寻求依赖。

其实，大多数人都已经具备了独自生存的智力水平和动手能力，我们只缺少一个去尝试、去应用的机会。而旅行需要具备全方位的生存能力，一个人旅行更是如此，你需要照顾好自己的衣食住行各个方面。对于独立生存能力缺乏的人来说这是一个不小的挑战，但当你迈出了第一步之后，一切都会水到渠成。

这个世界上没有谁是离不开谁的，也没有谁是不会离开谁的，任何人都不能给你永久的依赖，你要学会独立，靠自己的力量与命运搏斗才能立于不败之地。

3．努力都靠他人督促，一定成不了事

有人说大部分的事情都还没有到拼天赋的地步，只要够勤奋就能成事。在勤奋的比拼中很多人却输在了不能很好地管住自己。就像上了中学就不会有人叫你起床一样，工作了之后也就不会有人督促你去努力，成事与否全靠自我约束。

小孟在家乡的一家事业单位工作，但他有一颗不甘平凡的心。他一直都想去外面闯一闯，成就一番事业，既为实现自己的梦想，也为父母能过上更好的生活。所以，当省城的一个事业单位发出招聘信息后他义无反顾地报了名。

他买来考试用的复习资料，打算将每天晚上下班后的所有时间都用在复习上。他制订了一个详细的执行计划，最开始虽然很难，但他咬着牙坚持了下来。同事和好友们三番两次地邀请他喝酒、打麻将，最终他没能抵挡住这些诱惑，一来二往，复习的计划就被打乱了。

后来他把复习的时间都集中到了早上，并要求习惯早起的母亲每天叫他起床。结果每天下班后他更是玩得肆无忌惮了，到了第二天早上，无论母亲怎么叫，都没办法把他叫醒。没过多久，复习的计划就搁浅了。后来他得知他报考的那个岗位竞争并不激烈时，就总是抱怨

朋友、同事老请他喝酒和母亲也没能把他叫醒,让他白白错过了一次大好的机会。

刚从学校里走出来的年轻人需要完成一个重大的人生转变,即从学生到一个独立的个体的转变。这个转变中最重要的是做事的心态要从对他人负责转为对自己负责。在以往接受的教育中,我们总是习惯了在督促之下前进,比如在父母的督促之下我们才会先把作业写完,在老师的督促之下我们才会努力地提升成绩。在离开校园后,这些督促一下子全部消失,习惯了被督促的我们很容易流于放纵自己。

之所以会有这样的现象出现,是因为在我们人生的初期,个人性格还不够完善,自我意识还没有彻底觉醒,不具备自我约束的意识。即便是后来年龄渐长,我们具备了一定的自我约束意识,但自控能力却不够强大,这时就需要父母师长来督促。父母师长的督促虽然是有益的,但当它成为一种惯性一直延续下去时,在无意间也淹没了我们自身的自我管理能力。

刚刚步入社会的年轻人就正处在父母督促的断绝和自我管理能力的缺失所共同构成的空白期,这时候的年轻人很容易陷入迷茫的停滞期。

从主观方面来讲,年轻人如果不能做到对自己负责,是因为他自身缺乏足够的自尊和自爱意识。自尊指的是个体对自身价值的认可与重视,自尊的人会遵从自我的意识去行动。而当个体的自尊意识缺失时,就会对自我价值产生怀疑,在行动上也会表现出迟疑。自爱指的是个体对自身成长与发展的关注,一个足够自爱的人能顾及到自己的行为将会给自己带来怎样的影响,这样的意识能很好地起到督促的作用。

社会的竞争是残酷的,没有人会提醒你去努力,只会残忍地直接公布竞争的结果。在这个社会上生存要学会自我督促,以下这几个方法能在这方面帮到你。

制造恐慌感

督促之所以能提升人的行动力是因为督促带给了我们一种恐慌感,而恐慌感又给了我们一种不得不去行动的压力。如果你决定做某件事,就先把不能完成这件事所带来的后果写出来,然后重复读几遍,让这个结果变成一种意识,存留在大脑里,当你的行动出现停滞时,它就会自然而然地蹦出来,督促你去行动。

在任务表中添加闹钟

闹钟之所以能把你叫醒是因为它给了你一个不得不醒来的意识。你可以在自己的行动计划表中添加几个闹钟,时间到了,闹钟铃声响起,你的脑海里就会出现一个紧迫的行动指令,这会帮助你去执行你原定的计划。

找个一起行动的同伴

自身的监督总会出现执行不力的现象,为了避免这个现象的发生,你可以找一个同样在做这件事情的伙伴,互相监督、互相交流。最后建立一定的赏罚机制,让实质性的处罚来督促你持续地完成原定的计划。

比如,你决定每天早起练习口语,你可以找一个同样在做这件事情的伙伴制订一个规则,如果一方没能如约早起,就为对方购买一份早餐。

在他人的督促之下被动地做事并不是一种成熟的表现,真正成熟的人总能督促自身去主动进取。

4．控制一切的自律

如今的社会仍然有一些"苦行僧"存在，他们严格要求自己的一切行为，用"武装到牙齿"来形容也不为过。我们惊呼他们活得太累，但置身其中的人却自得其乐，后来我们才发现，最后有所成就的正是这些"苦行僧"。

吴磊从国际名校MBA（工商管理硕士）毕业，曾就任知名外企HRM（人力资源经理），如今年过四十的他已经创业成功，是一家健身会馆的老板。与一些大腹便便、秃顶邋遢的老板不同的是，他看起来只有三十多岁，身材挺拔、肌肉有型、头发茂密，怎么看也不像四十多岁的样子。

其实，吴磊也曾经是一个十足的"土肥圆"，初恋失败之后他便励志减肥，从此开始了长达二十余年的高度自律的生活。他坚持每天五点钟起床，晨跑一个小时，下午下班后再到健身房健身一个小时。一日三餐几乎从来不变，清一色的粗粮、果蔬、鱼肉，对于烟酒、火锅、烤串等，他从来都不碰。

这样的自律态度也渗透到了他学习和工作的态度之中。从大学到今天，他始终都坚持着一周阅读一本书的习惯。记得他刚从国外回来那会儿，工作之余他把与工作相关的所有证书都考了下来，现在，在他的健身会馆里，他既是老板也是最受欢迎的健身教练。

平时，我们总能听到有人在谈自律，简单来说，自律就是严格地约束自己的行为。但约束自己的行为是一件很困难的事情，需要有强大的意志力来支撑，而那些能做到自律的人，所依赖的意志力就是对自己人生的高度负责。

对自己负责与对他人负责最大的区别就是对自己负责时是无法敷衍和欺骗的。当你对他人负责时，行为评估的标准由他人决定，为了达到这个标准你可以通过做一些表面文章来"瞒天过海"。而对自己负责则不然，在行为中，标准是你自己给自己定下的，你究竟做了多少，做到了怎样的程度只有你自己最清楚。

很多事情和他人相比明明已经做到了相当不错的程度，但距离你所定的标准却还有一定的差距，这时你很可能会犹豫，就这样还是继续努力，直到达到标准。在犹豫的过程中，高度的自律意识会给你提供压力，逼迫你去完成既定的目标。

在行动中，我们经常遇到这样的状况：持续性的坚持因偶然事件中断后就很难再恢复到之前坚持的状态。比如早起跑步，你坚持了一个月的晨跑突然因为连续三天的阴雨天而中断了，自此你的晨跑计划也就搁浅了。

这样的状况就是不够自律引起的，你的晨跑一定是带有某种目的性的，毋庸置疑，那个目的一定是为了让你变得更好，但因为在阴雨天你贪图在被窝中的舒适感，进而没能控制住自己的贪欲而放弃了当初的目标。如果你足够地对自己负责，在阴雨天过去之后，你会逼着自己恢复早起，重新穿上跑鞋，继续自己的晨跑。

自律和对自己负责之间存在着一种表和里的关系，对自己负责在行

动上的表现就是自律。以下的自律方法有助于你对自己的人生负责。

制订具体到小时的执行计划表

很多时候我们之所以难以做到自律，是因为在时间上还有可供拖延的空间。针对这种情况，我们可以从计划表入手去解决。大多数的计划表都只做出了大概的安排，比如晚饭后阅读一个小时，这就很容易因为晚饭时间的延长，进而压缩阅读的时间。

你不妨把晚饭后阅读一小时改成晚上6:30～7:30晚饭，7:30～8:30阅读。精确到小时的执行计划表能明确地对你的行为作出约束，在一定程度上能帮助你更好地做到自律。

一次只做一件事情

在执行计划时你可能还会顾及其他还未处理的事情，而这样的顾虑会降低你执行的效率，最终导致整个计划被打乱。所以，在执行一个任务时就专注于这一个任务，摒弃一切杂念。

在实际操作上你可以通过关机、断网、选择干净舒适的场所来达到这个目的。比如，你规定了一个小时的时间来阅读，那么在阅读的时候尽量选取一个安静舒缓的环境，关掉手机，平心静气地把当天的阅读任务完成。

跳过未完成的任务

在计划执行的过程中还可能会遇到一些突发情况，而导致整个计划中一些环节没能很好地完成，这时很多人会因为之前没完成的任务而患得患失，这样的心态会影响到整个计划的执行。当一些计划没能很好地执行时，就果断地跳过去，不要影响下面计划的执行。

5．如何在他人的质疑和猜测中坚持

你是否也曾有过这样的经历，当你在坚持一件事情的时候，经常会遇到一些善意的劝诫和恶意的质疑，不管它是善意的还是恶意的，它都只有一个目的——让你停下来。最为致命的是，它们经常能戳中要害，有理有据地让你停止行动。

一直以来茜茜都很憧憬充满变动与挑战的生活，大学毕业后，她拒绝了家里为她安排的稳定的工作，一个人带着沉重的行李做了北漂。最开始那几年的确很难，常常入不敷出，眼看着从小玩到大的姐妹们都一个个有了自己的家庭，而她连男朋友还没有呢。

每到过年过节回家，家人就会劝她赶紧回来找一份稳定的工作，再找个条件好的男朋友，不然再过几年年龄大了终身大事就更不好解决了。这些话也切中了她的痛处，她很想找一个男朋友，但总是遇不到对的另一半。

后来茜茜在北京的事业渐渐有了起色，这时她开始把成家这件事放在第一位。过年回家的时候她参加了一次同学聚会，这些同学中只有她还没有结婚，而这时那些已经成为家庭主妇的老同学开始劝她：趁着"还不太老"赶紧回来，老在北京漂着什么时候才是个头，白白

"浪费"了大好年华。

这些话听多了,茜茜继续北漂的心就动摇了,她开始接受父母安排的相亲,也在着手辞去北京的工作……

我们的行为会因质疑和猜测而受到影响,这是因为外界的质疑和猜测总能找到我们心中最薄弱的地方,然后深深地扎进去。但质疑和猜测对我们造成伤害的过程和原因远没这样简单。试着回忆那些因质疑和猜测而终止的事情,你会找到一些共通之处。

在一件事情之中,什么时候质疑和猜测最容易产生?一定是在事情进行的开始和初期。这个时候整个事情的进展还处于萌芽阶段,充满了变数和不确定。再加上事情的开始和初期一般都看不到明显的回报,甚至会出现一些风险和波折。

面对这些负面的现象,一部分人以过来人的身份,出于对你的关心和保护,会提前模拟失败,然后把失败的后果呈现给你,以此来阻止你继续,进而达到"保护"你的目的。但站在这个立场的只是很少的一部分人,大多数对你发出质疑和猜测的人都是出于一种嫉妒心理。他们提前模拟的是你的成功,以及你成功之后会对他们的地位、利益产生怎样的威胁。

但不管拥有怎样的出发点,他们都能对你的行为造成影响。通常情况下,他们都会用"摆事实,讲道理"的方式来美化自己质疑和猜测的本质,他们的分析有理有据、入情入理,正中你的下怀,不知不觉中你就被他们"说服了"。

归根结底,还是因为在事情的初期,面对负面的现象时,你的意志出现了动摇。这个时候的你往往抱着试一试的心态,不能明确地坚定自己的目标,自己在行动时也带着三分的犹豫,甚至还给自己留了退路,这样一来就别怪他人"乘虚而入"了。

任何事情都是有失败的概率的，但不能因为可能存在失败就放弃行动。那些质疑和猜测的话说得再对，都只是他人的立场和观点。他们不可能站在你的立场上去看问题，更不知道你在开始行动之前做了哪些准备。

以下办法能帮助你在质疑和猜测中坚持下去。

隐藏自己的行动

如果你担心在行动时会受到外界的猜测和质疑，事情失败后会受到他人的嘲讽和讥笑，那么你大可在事情还没有任何起色的时候把自己的行动都隐藏起来。当你的行动不被外界知晓时，也就不存在质疑和猜测了。

当事情进展顺利，略见成效时再公布自己的行动，这是一种被公认为相对成熟稳妥的做法。

及时地公布一些小的成果

如果你的行动已经被身边的人知晓，而他们也给出了不同的质疑和猜测，为了不让这些质疑和猜测对你产生负面的影响，你可以及时地公布一些小的成果，用这些小的成果来堵住他们的嘴。

比如，工作后你突然打算考研，身边一定会有质疑的声音。你可以阶段性地把自己复习的进度发到朋友圈，让质疑你的人看到你的成果，这样一来，质疑和猜测的声音就会有所减少。

质疑和猜测都是外界的因素，这些东西都是自身无法去控制的，面对这样的状况，最好的办法就是坚定自身。

6. 想放弃的时候，如何给自己加油打气才有效

一般情况下，放弃并不是一件好的事情。但不可否认，相比于坚持下去的痛苦，放弃真的很舒服。

前段时间，菲菲去给表姐过生日，当她带着礼物敲响表姐家的门时，站在门口迎接她的是一位蓬头垢面的中年妇女，往日身材火辣、时尚精致的表姐一去无踪。半年不见，表姐胖了不少，因为当天还有一些工作要忙，她不仅没有化妆，甚至连头发都没有洗。

菲菲打趣地说："姐，你这是提前进入中老年模式，放弃治疗了？"表姐无奈地说："自从生完孩子，我这体重就没下去过，还谈什么打扮。"

表姐也曾多次尝试减肥，但都没坚持下来。她曾想通过运动来减肥，早上早起晨跑，晚饭后再去散步。定下这个计划后表姐也坚持了一段时间，但没多久就放弃了，她说："平时既要工作又要带孩子已经很累了，再去跑步减肥，我还活不活了？"

运动减肥失败后表姐也尝试过控制饮食，但那段时间正好是夏天，她经常被约去吃烧烤。开始的几次表姐坚持不吃肉、不喝啤酒，但慢慢地就坚持不住了，后来她虽然总说要减肥，但再也没去执行过。

做事不能长久地坚持，遇到一些波折就会放弃是普遍存在的一种现象，并且是长期困扰着我们的一种"顽疾"。我们知道坚持的重要性，也看过、听过很多帮助我们坚持的心灵鸡汤，但当你身临其境时，仍然难以做到坚持。这是因为我们把注意力都放在了如何坚持上面，而忽略了对放弃本身的探索。

就像医生在开药方之前要先弄明白我们的身体究竟出了什么问题，我们在坚持之前也要弄清楚究竟是什么原因导致了我们的放弃。

我们会放弃最直接的原因是当初的选择出现了错误。一般情况下，我们在做出选择之前会进行分析和预测，但任何预测都可能会出现偏颇，从而造成误判，当我们在执行中发现自己当初的选择是错误时，就会毫不犹豫地放弃，这样的放弃是理智的行为。

但大多数的放弃并非如此，我们会因为在一件事情上得不到及时的反馈而放弃坚持。因为事情的反馈能刺激执行者的大脑，促使执行继续下去；但如果反馈不能及时到来或者说反馈的周期过长时，执行就需要依靠内驱力来维持，长久下去，当内驱力被消耗殆尽时，执行也就终止了，这时放弃就发生了。

有的时候，过多的选择也是导致你放弃的重要原因。一方面，过多的选择给了你随时退出的权利，这样的权利会导致你在行动中不能做到全力以赴，一旦遇到挫折就想要放弃。另一方面，过多的选择总能给你一个更佳选项。更佳选项的存在会给你构建一个虚幻而美好的梦，让你误以为先前的选择是错误的。在这样的诱惑之下，你就会放弃当下的坚持。

除此之外，你的行为没能形成习惯也是你会放弃的一个原因。平时，你会发现对于有的人来说，早起是一件很难坚持的事情，但总有一些人能到点就醒，从不赖床。这是因为那些到点就醒的人已经养成了早起的习惯。对于那些已经成为习惯的行为，想要放弃都很难。

下面的方法能在你想要放弃时帮到你。

目标分割，设置多个进度和时间节点

过于庞大的工作量会造成内驱力的持续性消耗，将大的目标切割成不同的小目标，在此基础上设置多个进度和时间节点，这样有助于内驱力的恢复和反馈的及时到达。

比如，你打算读完史学巨著《资治通鉴》，你可以定下每个月读多少内容，再分摊到每周的阅读任务，最后精细到每一天的阅读任务。每完成一个进度就做一个记录。这样的行为能很好地刺激你继续坚持。

调整你的环境

调整好你的环境，别让外界的其他因素过多地消耗你的意志力，让你的坚持更加专注、更加直接，这将能很好地帮助你坚持一件事情。如果你想坚持健身，那么你选择的健身房最好离家近一点，这样，你就不会因为路途太远而中途放弃。

选择自己感兴趣的

其实，任何所谓的动力提供的内驱力都很容易被消耗掉，我们的行动在失去了动力的支撑后就很难继续下去。为了避免这样的事情发生，我们可以在最开始的时候就选择我们感兴趣的事情去做，让兴趣持续性地给我们提供坚持下去的内驱力。

当然，在具体行动时也要注意，无论你对某件事情有多感兴趣，在行动时都要留有一定的空间，不要透支自己的兴趣，让兴趣变成厌恶。

放弃的确很舒服，但别忘了，坚持下去很可能会大不一样。

7．就算结婚生子，也不放弃自己的人生

每天早上七点钟左右，在"北上广"这样的一线城市的地铁上，赶着时间去上班的大都是来自全国各地的年轻人，他们大多在30岁以下，未婚，有相当一部分甚至还是单身。此时，你不禁想问："那些三十多岁，已经成家的'老北漂'都到哪儿去了？"答案是，他们都逃离了"北上广"。

前几天老刘在某个微信公众号上看到老家的事业单位又要招聘了，他毫不犹豫地报了名。老刘今年已经33岁了，再过两年他就没有参加事业单位考试的资格了，他想趁着还有机会，赶紧在老家考一个正式的单位。

老刘是一个老北漂，大学毕业后他就到了北京，时至今日，已经过去了十多年。当初他也曾满怀希望，相信凭着自己的努力和才华能在北京开辟出一片属于自己的天地，拥有一个幸福的家庭。

在这十多年中，家庭是有了，却并不幸福，生活中幸福最大的阻碍就是买不起北京的房子。眼看着孩子就要到读书的年龄了，与房子连在一起的户口、学区等问题也逐渐暴露了出来。而自己的事业又长期不见任何起色，年轻时奋斗的那股子冲劲也在逐渐淡去。

现在他把事业单位考试当成头等大事来对待，希望在老家找一份安稳的工作，给妻子和孩子一个幸福的家庭。

前段时间一篇名为《××公司裁掉了34岁以上的员工》的文章爆红于网络，这篇文章引起了一阵恐慌，尤其是那些在一线城市打拼的年轻白领们，心中不免会产生疑问："到34岁的时候，我是不是也会被辞退？被辞退了之后我该何去何从？"

35岁左右的确是一个人一生中至关重要的一个阶段。处在这个年龄阶段的人已经开始承担起家庭中所有的负担，父母正在以看得见的速度衰老，孩子也在迅速成长，"上有老，下有小"的重担很容易让人对生活，特别是对未来失去信心，进而放弃追求，最终甘于选择平庸的却很稳定的生活。

我们习惯于把这些阻碍着我们奋斗的因素归结为"生活的压力"。这样说太过笼统，所谓生活的压力，指的是自己目前的收入无法应对日益上涨的生活成本。在所有的生活成本中，居高不下的房价、老人的赡养费用、子女的抚养费用基本上就占据了生活成本中绝大多数的比例。再加上人的生命到了35岁左右时就开始有了衰老的迹象。以前通宵加班第二天仍然能精神饱满地完成任务，但现在精力明显不够用了，别说加班，就连工作期间的8个小时都不能保证做到注意力集中。

以上的这些现象确实存在，也阻碍着你奋斗的脚步。但家庭给你带来的生活压力和自身身体的衰老并不能成为你停止追求幸福的理由。

现在国家的社会保障制度和医疗制度正在不断地完善，这直接降低了老人的赡养成本。而租房居民子女的上学问题也在紧锣密鼓地解决中。这些政策的推出和执行为正在一线城市打拼的人带来了奋斗下去的希望。

人到中年精力衰退本就是正常现象，完全可以通过时间管理来让自己的精力分配更加合理，以此来提升工作效率。而35岁左右的中年人，大都已经过了需要用大量的精力来换取收益的阶段，这个阶段的人，应该通过工作性质的转变发挥自身的优势，从而达到工作与身体相匹配的目的。

以下几个小方法能帮助中年的你更好地去追逐自己想要的生活。

订阅一份权威报纸

在这个传统纸质媒体日渐衰微的时代，很多人会误以为报纸已经跟不上时代的潮流，应该被放进垃圾桶。但随着人生阅历的不断增长你会发现报纸对你的生活越来越重要。我们国家的报纸有很多属于党媒，它能直接透露国家的大政方针、地区的相关政策，报纸也因为它以文字为主的特殊形式而更具深度。

所以，订阅一份报纸能更好地让你了解国家的相关政策。你可以订阅一份《人民日报》和地方性的党报，以及行业内的权威纸媒产品。

温和而持续地健身

随着年龄的增长，自身的身体状况在你的工作中正逐渐成为一种起主导作用的因素，要想保持一个健康的身体，健身是最好的选择。但35岁之后的健身与年轻时的健身不同，这时的健身需要更温和一些，35岁之后要减少做激烈运动的频率，多选择一些平缓的运动方式，并持续性地去执行。

虽然相比年轻人而言，35岁之后在奋斗上的确会多出一些阻碍，但家庭和环境从来都不是你放弃奋斗的借口，反倒会为你的追逐梦想提供更多的驱动力。

修炼自动自发的职业态度

进阶力 从被动努力到主动进取

第二章

1. 要么选择离开，要么停止抱怨

相信立志毕业后要做到经济独立的你没少抱怨钱不够花、工资太少。但你有没有想过自己的薪资为什么那么少？此时，你应该去看看那些薪资远远超过你的同龄人的工作状态，你会得出这样一个结论——薪资少是因为工作还不够努力。

眼看着就要入冬了，在北京工作的郭谦马上又会有一大笔的开支——暖气费。上个月刚涨了房租，下个月又要交暖气费，这让薪水本就不高的郭谦一阵窝火，再想想自己那点可怜的薪水，他真不知道下个月交了暖气费之后还能不能留下一个月的伙食费。

其实公司里很多的同事也会面对同样的问题，但大家都能从容应对，只是因为郭谦是公司里薪资最低的人。公司的薪资制度是提成制，也就是做的多就挣的多。但郭谦性情懒散，每天早上迷迷糊糊地来到公司，迟迟不能进入工作状态，好不容易专心工作了一会儿，可又到午餐时间了，对于有午睡习惯的郭谦来说，自从工作以后他不得不改掉午睡的习惯，因此他下午的状态也很不好。

临近下班的时候是他一天中精神最好的时候，他早早地就关了电脑等着下班，顺便考虑一下晚上吃什么。下班时间一到，他总是第一

个离开公司,从来不多留一分钟,更别提加班了。这样一个月下来他完成的工作是最少的,工资自然也是最少的。

抱怨的本质就是把问题都推给了外界。心理学上把这种现象定义为"外归因",又称为情境归因。它指的是,存在于个人自身之外,影响行为发生的条件和因素,包括机会和他人影响、环境条件等。由于这些个人之外因素的不可控性,当问题发生了之后,外归因的行为会使人产生一种无力感。这时往往还伴随着一些消极的情绪,无力感和消极情绪相交织,人就会产生抱怨的行为。

也有一些人抱怨的是命运的不公,他们经历过一番努力,却迟迟不见回报,与他们同时努力的其他人又很"不合时宜"地达到了预期的效果,对比之下,他们认为导致这种结果发生的就是命运。这时"命里无时莫强求"就成了他们信奉的真理,自此以后他们就只会抱怨,却再也不会去努力了。

总的来说,这是一个人经历了失败和挫折之后,面对问题时产生的无能为力的心理状态和行为。心理学上把这样的行为称为"习得性无助行为"。当一个人将不可控制的消极事件或失败结果归因于自身的智力、能力的时候,一种弥散的、无助的和抑郁的状态就会出现,自我评价也会随之降低,动机也减弱到最低水平,无助感也由此产生。这种行为最终的表现形式也是抱怨。

处在抱怨中的人把努力视为一种白白的牺牲。努力本身就意味着要放弃一些享受,减少一些社交,相应地还要多承受一些痛苦和枯燥,最为关键的是,所有这些承受都是徒劳的。抱怨的人会认为既然不会有回报,为什么要"白白地遭这份罪"。再加上需要努力去做的事情大都是我们主观意识上不情愿做的,需要一种强迫或诱惑的力量去促成那些事情的执行,但没了回报就相当于只剩下了强迫和诱惑,这最终的结果还是抱怨。

尝试以下的方法，或许能帮助我们从自身入手，克服抱怨的态度和行为，重新投入到努力的工作之中。

用需求来刺激

我们会在具体的压力之前产生一种恐慌感，这样的恐慌感能促使人行为的产生。利用这种现象，我们可以把自己每天所需要的支出逐条列举出来，既要写明项目的名称，又要写出大概的金额，最后再统计出支出的总额。总额的数字用醒目的红色加大加粗字体写出来。再把这样的纸条贴在工作的地方，或者拍成照片，把这张照片设置成手机的壁纸。

换一份工作

当你尝试了种种办法，仍无法努力地工作，这说明你根本性地排斥这份工作，此时最好的解决办法就是换一份工作。

有了之前的工作经历，相信此时的你对自己的职业倾向已经有了一个明确的把控，知道自己适合做什么，不适合做什么，愿意做什么，不愿意做什么，做什么能长期地坚持，做什么只能暂时地维持，依靠这样的标准，你就能找到一份愿意去付出努力的工作。

当你的努力迟迟得不到回报时，不要急着抱怨，一方面你要相信自己想要的已经在来的路上了；另一方面你要仔细地检讨一下，自己的努力是不是还不够？

2．想混的时候问问自己，对5年后的自己有什么期望

如果有人跟你说工作只是为了养家糊口，我相信你一定会嗤之以鼻。的确，我们还没到那个需要养家糊口的阶段，对于当下的我们来说，工作更多的是一种通往未来的通道。但再看看你每天的工作状态，浑浑噩噩地混日子般工作的你，未来真的会比现在更好吗？

研究生毕业之后，韩斌如愿以偿地留校做了大学老师。当一名大学老师是他多年以来的愿望，他渴望那种站在讲台上褒贬古今的感觉。但现实的工作却远没他想象中的有趣。学校给出了明确的规定什么话必须说，什么话不能说，一个学期要讲完多少内容，课堂上要完成怎样的互动。

在各种条条框框的约束下，韩斌逐渐失去了对这份工作的热情，每天按部就班地备课上课，这与他刚开始工作时的样子判若两人。办公室的一位主任注意到了这种情况，私下里找到他与他进行了一次谈话。

主任问："你未来的人生目标是什么？"韩斌一下子就被问懵了。未来？人生目标？这个问题多久没想过了？主任见他一时难以回答上来，就说："我不知道你的人生目标是什么，但我相信你不只是为了在这个讲台上拿工资、混日子。你再看看你现在的状态，照这个样子下去，你还会有未来吗？"

我们总认为人与人之间的差异主要是由学历和出身造成的，高学历的人拥有更加优秀的平台，好的出身能让人获得更高的起点。但事实却并非如此，无数的案例都证明了一个事实，学生时代，彼此之间的差距都不是很大，到了工作以后人与人之间的差距才逐渐拉开了。

这个现象很好解释，学生时代的优秀依靠的是对固定知识点的掌握。你依赖记忆力和逻辑分析能力即可做到，这两种能力稍差的人也可以通过反复的练习来弥补自身的不足。所以，学生时代的竞争更像是一种演习，有固定的流程、固定的模式。但工作更像是实战。工作中几乎所有的因素都很难做到完全掌控，大多数的结果都很难准确地去预判，工作中没有多少固定的模式，大都需要随机应变。

再加上工作是一种综合能力的考量，你不仅需要熟练地掌握相关的技术操作，还需要在人情世故上做到圆滑通达，更需要揣摩对方的意向。把所有的这些因素都综合起来，你才有可能促成一份任务的圆满完成。

因此，工作中的竞争远比校园里的竞争残酷。在校园里你考试不及格参加一次补考即可弥补，最多也就是面子上挂不住。但工作中的竞争则不然，职场是一个能者生存的地方，你没有竞争力就只能被淘汰掉，被职场淘汰之后很可能还会影响到你的收入，至少也会让你的生活水平降低。

工作以后，人与人之间的距离被逐渐拉大的实质就是，一些人能更好地在这个社会中生存下去，而另一些人则持续性地维持着最低限度的水准。同时，这也给了我们足够的理由去更加努力地工作，因为不努力工作的人只能"勉强糊口"，而努力工作的人才有资格去竞争

进阶力
从被动努力到主动进取

更加精彩的未来。

下面的方法能帮助你在工作中逐渐甩开你的竞争者,去角逐更加精彩的人生。

读相关专业的书籍

与在学校里读书不同的是,工作之后你需要针对自己的工作读一些与你所在行业相关的书籍。在学校时,你接触的书籍大多是教材,教材的作用就是灌输知识点。工作之后你就会发现当初背会的那些知识点不能给你带来实质性的帮助。

在这种情况下,你需要读一些与行业有关的专著。工作之后再去读这些书就会很容易和自身的工作经验结合起来,两相印证,书中的观点既能加深你对工作的感悟,也能精确地提升你工作的能力。

学习一门外语

虽然教育改革一直在提倡弱化外语在考试分值中所占的比例,但不得不承认的是现在外语越来越重要。但这里有一点需要注意,越来越重要的是实际的外语交流以及读写能力,而不是单纯的四六级证书。

工作之后,想要获得更长远的发展,你可以报一个外语培训班,有针对性地、系统地学习一门外语,让自己具备与外国人流畅交流的能力,最好能做到用外语书写文件。

深入学习职业技能

职业技能可以说是你所有竞争中最核心的部分,大多数的职业技能可以进一步学习。一些人会以"够用"为标准而停止对职业技能的学习，认为自己掌握的这点儿技能足以应对眼前的工作，再去学也是多余。如果你也有这种想法，那么这无异于"坐井观天"。

这是一种极其狭隘的思维，你所谓的"够用"只是在当下的竞争中"够用"，要想获得更加长远的发展，职业技能的提升是非常必要的一件事情。

谋生不是年轻人工作的目的，在工作中实现自己的人生目标，实现自我的社会价值，才是每个在职场中的年轻人最应该做的事情。

3．从不想额外付出，谈什么额外获得

职场是个名利场，在职场中浮沉，做事往往都奉行这样一个原则——拿多少钱，做多少事。抱着这种心态去工作的人大都也只能拿到他应得的那点薪水，而额外的收获需要用额外的付出去换取。

公司里新来了一批销售人员，恰逢那段时间经理的事情比较多，根本抽不出时间来对新员工进行培训。公司里的老员工冯莉见到一大帮新员工整天在公司里无所事事，就抽业余时间教他们一些业务上的粗浅知识。

冯莉先从拨打电话时的要领教起，接着又耐心地向这些新员工传授如何查找客户资料。经过她的教授，一些上手比较快的新员工已经能约到客户了，而她也会陪着这些新员工去与客户洽谈。当新员工在工作中遇到问题时，她也总能不厌其烦地一一为他们排解。

她的这些行为很快就成了公司里老同事的谈资，有人说她不务正业，也有人讽刺她"教会了徒弟，饿死了师傅"。不管同事们怎么说，她都把这样的行为坚持了下去。她的这些行为被领导看在眼里。几个月后她的部门经理高升了，而她也被提拔为新的部门经理。

在职场中，虽然时刻要把利益放在第一位，但也要明白除了那些能马上见到回报的事情，我们依然有足够的理由和必须要去做一些看不见回报的事情。那些看得见回报的事情会以实实在在的薪资反馈给我们，及时地做到"两清"。而那些看不见回报的付出更像是一种投资，也许当时，甚至短时间内都是在无休止地付出，但终有一天你的这些额外付出会堆积成一个意外的惊喜，等时机到时就会一下子全都送给你。

职场中，如果所有员工都只是本本分分地完成额定的任务，那么很难分清孰优孰劣。很多时候，职场中的竞争都不在本职工作之中，而是在本职工作以外的地方。如果你能在做好本职工作的基础上再做一些额外的工作，这就是一种能力的拓展，在这样的拓展中，你会对自己的工作有更深的理解，这样的理解有助于你不断提高本职工作的工作质量。

特别是在分工日渐精细化的今天，如果你能在完成自己额定任务的基础上，再拓展一下自己的职业技能，很可能就跳出了职位带给你的局限性，从而拥有一个更加广阔的视野，更加大的格局。带着这样的视野和格局再去做你的本职工作，就会自然而然地把全局意识加入进去，这样你在无意间就促进了整个合作流程的共融性。

这样的视野和格局也正是一个普通职员和领导阶层最大的区别。

抛开晋升的因素，只从你的职位去看，如果你能在本职工作的基础上再多做一些额外的工作，也能直接反映你对这份工作的态度。一个人只有对他的工作抱着积极的态度时才会去做一些额外的工作。当你在做这些工作时，又体现出你是一个勤奋的员工，没有哪个老板会不喜欢这样既热爱工作又勤奋努力的员工。

还有一个细节需要考虑到，你做的这些额外的工作很可能是大家都不愿意去做的。当你把这些工作做了之后，也能在同事之间留下好口碑，而一个好的口碑能在职场中为你带来数不尽的好处。

但值得注意的是，你在做一些额外的工作时很可能侵犯到了他人的利益，也很有可能给自己带来一些不必要的麻烦，以下方法能帮助你更好地去做额外的工作，更好地投资自己。

不要大声地"抢"要默默地"抢"

有句话叫"枪打出头鸟"，做一些额外的工作很容易让你成为公司里的众矢之的。当领导把一项任务公布下来时，如果所有人都不愿意接受，你也不要急着去"抢"。你可以用尝试性的态度去把这份任务接下来，然后不动声色地去逐步执行。

避免邀功

人都有这样的通病：自己付出努力之后，生怕这些努力被埋没了，进而会或明目张胆或轻描淡写地去邀功。这样的行为很容易引起他人的反感，也达不到"投资"的效果。要知道，领导都是内心明白的人，不要担心自己的付出会被忽视，你的所有努力领导都看在眼里，慢慢地你在领导眼中的形象就会有所提升，如果你急着去邀功，反而会被视为在作秀。

分享荣誉

荣誉分享指的是把原本属于你的荣誉分享给与此相关的人。这样做，一来可以让你在同事们的心目中树立起一个谦逊的形象，二来也可以很好地化解与荣誉相伴而来的同事的嫉妒之心。

职场中做一些额外的工作是一个技术活儿，做好了能让你脱颖而出，一旦做不好也能让你成为众矢之的。默默地付出，默默地积累，相信岁月会给你一个意想不到的惊喜。

4. "钱多事少离家近"的工作会害了你

可以说"钱多事少离家近"的工作是大多数人心目中最理想的工作,但这样的工作几乎不存在。那些"轻松离家近"的工作薪资水平低,而薪资水平高的工作大都不会太轻松,还有可能离家太远。对于工作,每个人的侧重点不尽相同,舍弃就成了选择工作时最重要的一环。

吴涵大学毕业找工作时,对公司的地址有明确的要求——上班路程不能超过半小时车程。因此,他选择的都是离家近的公司。

每天早上,吴涵都能有足够的时间从容地吃一顿营养早餐,晚上下班后还能不慌不忙地给自己做一顿晚餐,相较于那些住得远的同事而言,他不仅省去了一笔不小的生活支出,还能保证相对健康的生活状态。

但同样的,他也要承担昂贵的房租。并且,公司只要有紧急的事情,领导第一个想到的就是他。他曾做饭做到一半就被领导一个电话叫到办公室去了,也曾在睡眼惺忪的周末被要求去公司整理急用的材料,更别说平日里同事有一些额外的小忙来找他了,这些通通都是因为他住得离公司近。

《孟子·滕文公》中说:"治于人者食人,治人者食于人。"我们都想做"治人者",因为这样的人不用为自己的生计发愁,自有那

些"治于人者"的人来为你的生活提供物质保障。却没看到那些"治人者"付出的辛劳并不比那些"治于人者"少。只不过一个是看得见汗水的体力劳动,一个是看不见汗水的脑力劳动,脑力劳动的辛劳程度并不亚于体力劳动。

最典型的案例就是每天坐在电脑前搞创作的文字工作者,虽然他们每天很少运动,但一天的工作结束后,他们身体的疲劳程度并不亚于高强度的体力劳动者。

这个世界始终保持着一种相对平衡的状态。如果你选择了到一线城市去打拼,工资待遇固然优厚,但也要承受巨大的工作压力和高昂的生活成本;如果你选择留在家乡,虽然安逸舒适,但工资报酬相应的也不会太高。如果你既想公司离家近一些,又想获得比较高的薪资,你就必须付出更多的辛劳。

既然难以做到两全,就会涉及选择的问题。这个选择所涵盖的范围很广,既包括先苦后甜和先甜后苦之间的权衡,也包括个人的自身特点与工作的契合程度,还涉及了职业规划和未来的发展前景。我们不能武断地说到大城市打拼的人就一定比留在家乡工作的人更上进,前景更好,同样的,也不能说在家乡工作的人就比外出追逐梦想的人更务实。

这要看你在工作中是否能够做到百分百的投入。既然已经做出了选择,那么就默认这个选择是最适合你的,选择了之后就不要再朝三暮四。选择了离家近,就要多去发现离家近的好处,选择了外出打拼就要肯定在外工作的优势。《大学》中说:"知止而后有定,定而后能静,静而后能安,安而后能虑,虑而后能得。"选择没有对错,只有安心与否,只要静下心坚持下去,在任何一件事情上都能做到出类拔萃。

以下小窍门能帮助你更加坚定自己的选择,在自己选择的基础上成就自我。

剖析最能干扰你的那个选项

你之所以会对眼前的状态不满是因为有一个更好的选项供你选择，但迫于某些原因你又难以立马割舍掉当下的选择。此时你需要把最为诱惑你的那个选项写出来，再把它存在的一些弊端都列举出来，看自己能否接受这些弊端。

比如，你在家乡做公务员，却一直憧憬到大城市去闯一闯。你可以把到大城市打拼的缺点都罗列出来：在大城市工作压力大，生活节奏快，忙碌中很可能长期饮食不规律，自己的身体可能会吃不消；家中父母的身体也不怎么好，长期在外没有稳定的工作，无意间就加大了父母的负担。如果这些弊端你都接受不了，那你就不会再对当下的选择产生怀疑了。

分析当前选项的优势

如果说罗列对你构成诱惑的那个选项自带的劣势可以让你明确选择，那么分析当前选项的优势则能让你对当下的选择充满信心。你可以把当前选项所具备的优势都一一罗列出来，然后根据自己的实际情况，评估这些优势对自己的重要性。

比如，你工作的地方离家比较近，但薪资微薄，房租还很贵。你需要把这一选择的优势罗列出来：公司离家近，则上下班所耗去的时间就减少了，我可以用这些时间来吃早饭、做晚饭，甚至每天还可以抽出一些时间来跑步锻炼，并且晚饭过后我还有充足的时间来提升自己，这对我职业生涯的长远发展来说利大于弊。

世上没有"钱少轻松离家近"的工作，选择和放弃永远是如影随形的，选择了就不要再去挂念放弃的，坚持才能成就自我。

5. 不要仅仅为了糊口,去做一项没有成长空间的工作

"一穷二白"的年轻人在求职时很容易"向钱看",把薪资报酬放在第一位。但你要知道人生是一个长期投资的过程,一味地"向钱看"很可能让你的人生过早地定型,从而会失去很多发展的空间。

梁超是矿工子弟,按照政策他可以到矿上做一名收入丰厚的矿工,并且在矿上工作还有很好的福利。大学毕业后,梁超听取了家里人的意见做了一名矿工,但工作没多久他就对这份工作产生了抵触情绪。

梁超自幼体弱,矿上的工作除了对体力消耗极大,随着一定的危险性之外,井下恶劣的环境,经常性地熬夜工作都给他的身体带来难以承受的负荷。他把想要转行的意愿告诉了父母,但换来的却是一片反对声。

后来,他不顾父母的反对,毅然决然地辞了职,只身来到北京。在同学的介绍下他在一家健身教练培训机构报了名,随后就开始了培训。培训结束后他选择留在北京,并在一家健身中心做起了健身教练。而后社会上兴起了一股健身的风潮,梁超凭借专业的技术指导和为人热情在学员中大受欢迎,不久一家大型健身会所用高薪把他聘请了过去。

现在，在健身圈中小有名气的他正在谋划着自己开设一些精品课程，以此来吸引更加高端的学员。

大学毕业的时候，一位老师送给学生们这样一句话："刚毕业，你们不要急着去赚钱，要想办法让自己变得值钱！"对于任何一个职业者来说，职业生涯的初期都至关重要，选择什么行业，从事怎样的工作直接关系到你今后的发展。

当下是一个充满变数的时代，很多被我们称为"永远都不会被饿死"的职业正在一步步地淡出我们的视线。在互联网的冲击下，很多行业都在发生着翻天覆地的变化。前段时间，百度的热搜榜中出现这样一个词条："电脑城改卖豆腐脑"，在业内，武汉广埠屯电脑城与北京中关村齐名，如今广埠屯商圈数码商户至少减少了三分之一，往年最繁忙的开学季也变得格外冷清。

今天，选择工作时前景好要远比挣得多更重要。这不仅涉及行业是否会消失的问题，一份有前景的工作给你最直接的财富就是能把你拉进一个更加高端的圈子。更高端的圈子能全方位地打开你的视角，让你突然发现自己不过如此，为了继续在这个圈子中"混"下去，你会想方设法地提高自己，直到你进入下一个圈子。这样一来，你始终都处在一个进步的过程中。

鉴于现在的年轻人普遍都有跳槽的行为，在你辞去当前的这份工作，竞争下一份工作时，最主要的竞争要素就是工作经历。之所以会如此看重工作经历，是因为工作经历通常代表着你目前所拥有的能力。但能力是有时效性的，在一些没落的行业所锻炼出的能力，在新兴行业很可能没有用武之地，或者被贬值，而你跳槽的岗位一般情况下都是更有活力的新兴行业，只拥有没落行业工作经验的你在新的竞

争中显然不具备任何优势。

还有一点值得注意，在没落行业中获得高额报酬的你其实也是在出卖自己的青春。一般来说，职业生涯的前期是人生最宝贵的增值期，这不是说在此之后你就失去了进步的权利，只是错过了这个阶段后，你很可能被竞争对手甩开了一大截。同样是毕业三年，选对行业的人能凭借之前的工作经验实现人生的一个飞跃。而纯粹"向钱看"的你，运气好的话能通过熬资历获得小幅的加薪，运气不好的话只能重新开始。

以下方法能帮助你找到一份有成长空间的工作。

了解行业的发展走向

任何一个行业的没落，通常情况下都不是凭空消失的，而是一步一步地被更新的行业所代替。在这个新旧交替的过程中，在旧行业中掌握的技能，在新的行业中仍然具有一定的价值。

你需要做的就是掌握行业的发展趋势，在已有的技能和素养上进行拓展，让旧的技能和素养转化为适应新竞争环境的新技能、新素养。

关注互联网技术的发展

现在的一切变数都是互联网带来的，及时地关注互联网技术的发展，就能把握住机会。比如，微信公众平台刚刚推出来的时候，很多人借着这个新兴的平台狠狠地赚了一笔。

当然，互联网技术所涉及的范围极其宽泛，值得你关注的只有与你所从事的行业相关的那几种技术。与你所从事行业相关的前沿科技，你不仅需要有一定的了解，最好能亲身体验一下，甚至掌握一定的操作技术。

俗话说,"磨刀不误砍柴工。"向前看而不"向钱看"才能让你的"刀"更锋利,"砍柴"的效率也才会更高。

6．想赢得公平，就让自己无可替代

每个人都渴望被公平对待，却每每遇到不平等待遇。这是因为自己总是不公平中被侵害的那个人，如果你总是不公平中获利的那个人，你还会抱怨社会的不公平吗？这个世界上没有绝对的公平，要想成为不公平中获利的那个人，你必须提升自己的职业竞争力，让自己不可被替代。

文辉到公司不满两个月就被辞退了，一个周末他约之前在公司里相处得最好的一位同事喝酒，几杯酒下肚，文辉就控制不住自己的情绪，开始吐槽领导的决断不公平。

文辉说他有名校的硕士文凭，在公司的那段时间每天按时上下班，没事时还主动打扫打扫卫生，处处都表现得很勤奋，于情于理都不应该被辞退。反倒是与文辉同时进入公司的小马，平时一声不吭，也不知道他在忙些什么，根本没有团队精神，也没有为公司做什么事情，最应该被辞退的不应该是他吗？文辉认为一定是因为小马有"后台"。

同事见文辉越说越离谱，忍不住反驳道："你认为领导不公，那我问你这两个月来，你为公司做了哪些贡献？如果仅是打扫卫生，跑跑腿之类的活儿，公司又何必花高价请你呢？"文辉顿时哑口无言。两个月来他确实没有给公司带来任何效益，而小马已经能独立给出设计方案了，况且小马还是个"海归"的高才生。

公平是社会学上的概念，它指的是处理事情合情合理，不偏袒某一方或某一个人，即参与社会合作的每个人承担着他应承担的责任，得到他应得的利益。公平大都是指法律上的公平，除此之外，大多数情况下只有相对的公平。

通常情况下，我们抱怨的不公平，都指的是付出与回报的不对等。我们总认为自己付出的太多而得到的回报却又太少。但在商业社会，在付出与回报之间还有一个效益的问题。你的付出要通过效益来转化为回报，当你的付出与回报不对等时，出问题的根本不是待遇。

这个社会确实有不公平的成分，但这也只是起点的不同，社会中大多数的竞争都力求公平，这就意味着那些起点高的人虽然拥有一些优势，但这些优势并不能决定竞争的结果。竞争的最大魅力就在于给了那些先天优势不足的人赢得胜利的机会。

在竞争中，你可以通过后天的努力来弥补先天的不足，并使之与对手较量，如果在这样的情况下你仍然不能胜出，那么问题就出在了你自己身上。从同一所大学毕业的应届生，有的很快就找到了工作，有的在竞聘上岗中屡屡被拒，这是因为同样的文凭，但含金量却不同。找到工作的应届生很可能大学四年勤劳务实，学到了扎实的理论知识，锻炼了实践的技能，而屡遭拒绝的应届生很可能是荒废了大学四年的光阴。

在生活和工作中，竞争大都是公平的，不公平的只是结果。竞争的结果必然是不公平的，如果竞争的结果也是公平的，那么竞争还有什么意义？这无异于对竞争者更加不公平。

以下方法能帮助你提升自己的职场竞争力。

针对性地学习

在竞争中,决定胜负的大多是某项或者某几项技能或素养。为了确保在竞争中获胜,你需要通过有针对性的学习来提升自己这一项或这几项技能或素养的水平。

比如在职场中竞争,你需要有针对性地提升自己的业务水平,让自己的业务能力为公司带来更多的效益,以此来抗衡那些名校毕业、履历丰富的同事。这就需要你在工作之余不断地去学习和培训。

给自己留出思考的时间

无论是提升自己的职业技能,还是提升某种综合性的实力,依靠不断机械的重复是最低效的方法。因为机械地重复一种行为并不具有针对性,而大多数情况下你的不足并不是全面性的,而是在某一方面与他人存在差距。因此你需要有一个固定的反思时间来审视自己的不足。

除此之外,思考也是进取中必不可少的一个环节。思考可以加深你对工作的理解,也能总结之前工作中存在的错误,进而在下次工作中加以避免。这些都将使你的工作变得越来越出色。一天中最好的思考时间是熄灯后、睡觉前,这时的思考会更专注、更深入,也会起到促进睡眠的作用。

和老员工搞好关系

工作中最宝贵的是工作经验,特别是老员工总结出的工作经验,它能让你少走很多弯路,也能帮助你在最短的时间内熟悉业务,提升工作效率。而要想获得这方面的指导就必须跟老员工搞好关系。

搞好关系最主要的是要表现得积极一点、谦卑一点，久而久之就能在老员工的心中留下一个好的印象。这时，当你向他们请教问题时他们就会知无不言。

不要总抱怨这个世界的不公平，那只是因为你还不够努力，越努力才能越公平，不信你试试。

7．能否把工作当成一种享受

不知你是否想过这个问题：同样是一整天盯着电脑，为什么打游戏会让你觉得是一种享受而工作却让你备感煎熬。这是因为打游戏是在体验享受，而工作是在付出劳动。尝试着用打游戏的享受心态去工作，这样工作中取得的成就会给你带来打怪升级的快感。

大学毕业后，张娜在一家杂志社找到一份记者的工作，不巧的是这是一家篮球杂志，而她对篮球一点儿兴趣也没有。入职之后，她需要学习与篮球有关的一切知识，从各个联赛不同的规则，到各个联赛中知名球星的背景资料、自身特点、习惯性打法她都要一一了解。

最开始的那段时间，她过得很痛苦，经常把人名记混，比赛规则也没能弄明白。后来一位同事建议她抽空去玩一玩篮球，体验一下篮球的魅力。

趁着一个周末，她和同事两人来到球场。两位漂亮女孩的到场一下子点燃了整个球场的激情，她第一次感受到了篮球的魅力，渐渐地她爱上了篮球这项运动。当她爱上这项运动时她才知道自己的工作是多么的诱人，她有机会和球星零距离接触。现在的她爱这份工作，以至于难以区分自己究竟是在工作还是在玩。

把打游戏和工作拿来做对比，你会发现二者存在着很多相似之处。除了都是坐在电脑前不断地重复同样的操作。打游戏和工作都是为了"赚钱"，不同的是打游戏赚取的是虚拟的游戏币，而工作赚取的是真实的货币；打游戏和工作一样，也需要做各种各样的任务，也会遇到棘手的困难。

但现实世界里的工作远比游戏更让人厌烦，我们用分析游戏的方法来分析工作，就能得出工作让我们感到煎熬而游戏让我们放松的具体原因。

打游戏时你会发现，在游戏中你的付出能得到及时的反馈，而工作中则不然。同样是做一个任务，在这个任务进行的过程中同样会消耗掉你的精力和体力，有的时候你还必须付出一些实质性的代价。在游戏中你付出的所有东西都能获得及时而直接的反馈，刷完一个副本，你能获得任务奖励、经验值，运气好的话还能在副本中获得一些稀有的装备。

但工作则不然，工作中获得的反馈是薪资和晋升的机会，但这些都不能在你任务结束时及时地反馈给你。及时的反馈能给你的大脑带来刺激，进而促使你主动地进行下一轮的任务。很显然工作中迟迟到来的反馈，并不能起到这样的作用。

再加上工作中完成任务后获得的反馈有时可能会让人感到失望，你付出了很多心血才完成的任务，很可能和他人随意完成任务获得的薪水是一样的，而久久得不到晋升也会让你失去行动的动力。这就涉及了规则的问题，游戏中的规则是明确可见的，也是可以控制的，你做完一个任务就能获得多少经验，当经验达到怎样的数值时你就能升级。但工作则不然，你能否晋升需要经验的积累，但你不知道积累到怎样的地步才能晋升。也就是说在工作中没有一个明确的未来带给你刺激。

我们还发现，工作是强制性的，而游戏是自由的。工作中，你必须在规定的时间、地点完成指定的任务，但游戏则不然，你可以随时上线玩两局，也可以随时下线。这直接导致了在参与这两项活动时你会带着截然相反的心态，工作的时候你是消极的、被动的，而打游戏时你是愉悦的、主动的。

针对以上总结出来的游戏和工作的不同，以下方法能让你把工作"玩"成游戏。

及时地自我反馈

如果你经历过节假日加班，就会发现在节假日加班时，相较于平日的工作，会莫名地产生一种亢奋。这不仅是因为在节假日加班时工资会翻倍，更重要的是你在工作时心里已经给了自己一个明确的反馈：加一天班赚600元。这个明确而及时的反馈能增加你工作的愉悦度。

同理，你可以在每天上班之前暗示自己今天的工作完成之后你将会获得多少报酬。在下班后，你完成了一天的工作，就可以用一些小的奖励来感谢自己当天完成了工作。比如，可以为自己做一顿好吃的，或者是在路边给自己买一个小礼物，让反馈更及时、更明确。

优化工作的体验

在经过长期的工作之后，你在工作中所承接的任务大都已经不再能带给你挑战与困扰，更多的是一种乏味的重复。这种情况下，你可以通过提升工作的体验来让自己的工作在乏味的基础上多一些乐趣。

提升工作体验最直接的方法就是装饰工位、定期更换电脑壁纸、换一个舒适的键盘和鼠标，给自己买一个让椅子变得更舒服的垫子。除此之外，还可以买一个音质好的耳机，在你的播放器中收录一个让你愉悦的播放列表，在不影响工作的情况下，听着音乐工作，这些都能让你的工作更愉悦。

工作和游戏是可以互相转化的，找对了方法，工作也就是在打游戏，何况工作中你还能获得任何游戏都不能带给你的真切的体验。

8. 拥有"打工者思维",未来必被淘汰

你是不是也和我一样,认为老板和员工的差别不过就是:一个是管人的,一个是被管的;一个是发工资的,一个是领工资的;一个是赚大头的,一个是赚小头的。如果这正好说到了你的心里,那么你也犯了和我一样的错误。老板和员工之间最主要的差别,其实是一整套思维模式的差别。

小魏在一家创业公司工作,他每天按时上下班,虽然他从不迟到也不早退,但他也从不早到,更加不会主动加班。偶尔领导安排了超量的任务不得不加班时,小魏就会满腹牢骚:"加班加班,又不给加班费,加什么班!"

公司周末会组织员工参加培训,培训采取自愿的原则,对于这样的培训小魏自然是很少参加的。同事问他为什么不参加时,他回答说:"周末是自己的时间,我不愿意让工作把我自己的时间都占用了。再说了,培训不就是为了提升工作效率吗?你看我,哪次把任务落下了?"

对,小魏的确没有把任务落下,但他也从不多做一点儿,因为他认为做多了"也不给钱"。后来公司内部调整需要裁员,裁员之

前会对所有员工进行考核,再依据考核的评分来决定裁员的名单。很不幸,小魏是其中之一。被辞退的小魏仍然不明白自己为什么会被辞退,他总想:"我没有哪里做得不到位啊,为什么我的评分那么低?"

小魏的确做得很到位,但他错就错在做得"太到位"了。这是典型的"打工者思维"。小魏认为自己只是在给他人打工,打工的目的就是赚钱。一切不能得到报酬的工作他都视为"分外"的事情,而他从不愿意让那些"分外"的事情侵占属于自己的时间。但小魏从一开始就想错了,打工的确是为了赚钱,但赚钱并不是打工的唯一目的。

大多数在外工作的人,选择背井离乡的原因不是赚钱而是发展。外面有更多的机会,也有更加优秀的资源,能让你拥有一个更加广阔的发展前景。但与此同时,外面的竞争也会很激烈,你想要有一个好的发展前景就必须拥有足够的实力。按部就班地工作谁都会,一个人的实力正是从"分内"事情之外来获得和体现的。

这是因为拥有"打工者思维"的人大多急功近利,没有长远的目光。他们看中的是现在我能赚多少,而不是在未来我能走到怎样的阶段。在他们眼里工作只是单纯的工作,却不知道工作也是一种投资。他们不知道本职工作的外延是自己未来发展的根据,因此他们在工作中从不拓展,也不深究,这就相当于放弃了让自己变得更加"值钱"的机会。

在这一切的背后,导致"打工者思维"产生的根本原因要从看问题的方式上去找。那些把这个世界看成静态的,或者说低估了世界变化速度的人更容易产生"打工者思维"。他们认为凭借自己目前掌握的技能和拥有的某种能力可以让自己在这个社会中获得一席之地,却忽略了在互联网的冲击下,一切都变得极不稳定。在今天还以这样的

思维来看世界无异于作茧自缚。

以下方法能帮你打破"打工者思维",助你变得越来越"值钱"。

装扮你的工位

你把公司当成单纯的"赚钱的地方"是因为在公司里你没有归属感和亲切感,这与你工作的硬件环境有很大关联。办公桌上生硬而毫无生机的摆设给你带来了极其不好的工作体验,而装扮工位则能很好地改善你的工作体验,进而会提升你对公司的归属感和亲切感。

你可以在办公桌上养几盆精致小巧又容易照顾的多肉植物,放几本自己喜欢的书,等等,都能很好地帮助你提升工作时的体验。

拓展你的能力

当你把自己局限在自己本职工作所需的能力之内时,你就很难有大的提升。现在的职场讲究"一专多能",如果本职工作所需的能力是你的专长,你需要以此为圆心不断地向外拓展自己的能力。

为了拓展自己的能力,你可以参加一些相关的培训,也可以在工作中向其他同事请教。前者会让你获得更系统的能力,后者会让你的能力更加实用。

早到和晚退

你有没有发现,在你火急火燎地赶着上班,又匆匆忙忙地赶着下班时,你在内心里把公司当成了一个临时的站点,而不是一个需要长时间待在这里的场所。带着这样的心态工作,又怎能不产生"打工者思维"呢?

如果你踩着点到公司上班,那么刚开始工作的20分钟你是很难投入进去的。同样的道理,为了确保准时下班,你也会提前20分钟脱离工作的状态。这样一来,你在工作上投入的时间就比其他同事少了40分钟。

所以,每天早到20分钟,晚退20分钟,能帮你很好地解决这个难题。

别让打工者的身份带给你"打工者的思维",把工作当成一种投资,你才会有更好的前景。

第三章

最容易找的是借口，如何战胜体内的惰性

进阶力 从被动努力到主动进取

1. 身边的人都很悠闲，我为什么还要努力

人很容易受到圈子的影响，圈子中的人很努力、很上进，你也会被"带着"去努力、去上进。但如果你圈子里的人都很悠闲，那么拥有一颗上进心的你难道也要跟着他们一起悠闲吗？

张良是一个非常努力的人，毕业后他本打算找一份工作马上开始上班，但同学们都说刚毕业赶紧出去玩一玩，以后工作了就没有时间玩了。他一想这个道理也对，就跟着同学们天南海北地先玩了半个月。

旅游结束后，眼看三伏天来了，同学们商量着过了这段最热的时间，然后再一起去找工作，张良也接受了这个提议。就这么一拖再拖，企业招聘的高峰期就被错过了。几个同学商量一番后，决定在家复习，备考12月份的国家公务员考试。

他这么一准备，转眼间就到了过年。年后大家聚在一起聊天时，他发现这半年间那些已经工作的同学都有了明显的进步，而在家待业的自己已经被甩开了一大截，为此他十分着急。

在一些竞争不是特别激烈的城市或地区，努力似乎是一件很突兀的事情，因为身边的人都在按部就班地工作，一旦你很努力就会被视

为"有野心""不本分",严重的还会受到排挤。很想努力一点儿的你不仅没有一个很好的努力氛围,圈子里的人反而给你的努力带来了阻力。

身边的人不努力,一方面是因为自己的能力足以应付自己的工作,另一方面是因为竞争环境相对较弱,不存在优胜劣汰的严峻形势,在不需要太过努力的情况下,也能过上相对富足的生活。当整个圈子的人都是如此时,大家彼此相安无事,构成了一个消极却相对平衡的环境。

处在这样的圈子里,如果你很努力,动机不外乎以下几个:

(1)能力不足以应付工作。

(2)想要提升自己的竞争力以获得更高的职位。

(3)通过加薪提升自己的生活质量。

(4)提升自己的内在修养。

以上这4个动机只有一个核心——让自己变得更好。但你之所以会与他们处在同一个圈子里,很大程度是因为在各方面彼此都相差不大,当你变得更好时,这个平衡就被打破了。他人会认为你努力只是为了想往高处爬,免不了会说你"有野心"。

再加上努力本身就是一种有"侵略性"的行为,看到身边有人特别努力,人们就会莫名地产生一种恐慌感。在恐慌感的刺激下,一部分人也会奋起努力,而另一部分人就会选择用一些攻击性的手段来阻止努力的人持续下去。这方面最典型的案例就是学生时代老师常说的:"你不学,还不让其他人好好学。"

一个好的竞争氛围对于想要提升自己的人来说的确是一个关键的因素,但它不能决定你能否去努力。对于那些真正想要努力的人来说,即便是有人阻碍,他仍会想方设法地去努力。

以下方法能让你在一个悠闲的氛围中保持努力。

加入志同道合的圈子

如果身边没有很好的努力氛围,你可以选择加入一些同样在努力的社群。这样的社群可以通过各种各样的交流会加入,也可以通过互联网加入。在这样的圈子里彼此竞争、彼此探讨,也彼此督促,一起进步。

延长你在圈子之外的时间

不论是工作的圈子,还是平时的社交圈或者朋友圈,一个人除了在这些圈子里的时间外,还应该有属于自己的时间。如果这些圈子不能给你很好的努力环境,那就应该缩短在这些圈子里所花费的时间,多留出一些时间来独处,利用独处的这段时间,你可以尽可能地提升自己。

比如,下班后少几次和同事逛街、聚餐,周末降低和朋友们疯玩的频率,把空出来的时间用来学习。

跳出阻碍你的圈子

当一些圈子只会成为你努力的阻碍时,这样的圈子并不值得留恋。你要毅然决然地跳出来,不要因为这些可有可无,或者并不重要的圈子而耽误了自己的时间。

在一个悠闲的圈子里,不要因为他人的感受而放弃努力,因为不努力带来的后果他们不会与你一起承担。

2．分清楚他人期望的和你想要的

在你就业和选择男女朋友时，当你的选择与父母的意见发生了冲突时，你会坚持自己的选择还是听取父母的意见？当然，接下来我们要强调的并不是顺从父母的就不好，只是想说当你一味地顺从父母时，就渐渐活成了他们想要的样子，而不是自己向往的模样。

双双毕业后成功地通过了一家4A广告公司的面试，但收到Offer的那一刻她却并不开心。因为她知道，父母同意她留在外地工作的概率很低，但她仍然尝试着去跟父母商量。果然不出所料，父母的立场很明确，"在外面飘来飘去的不稳定，不如回来安安稳稳地当个老师"。从小到大都习惯了顺从父母的双双这一次同样选择了听父母的话。

回到老家没多久，在父母的帮助下她找了一份老师的工作。从此双双的朋友圈里再也没有出现关于梦想的句子，每天晒一晒和朋友们聚餐，班里可爱的小朋友……过了一段时间，双双突然通知闺蜜她要结婚了，她反复地跟闺蜜说未婚夫有多么的好，但当闺蜜问："你爱他吗？"双双却愣了一下，说："我妈说慢慢处，时间长了，感情就深了。"

从小到大，父母的选择渗透了我们生活的方方面面，不仅仅是中学、大学和主修专业的选择那么简单。我们的穿衣打扮、朋友社交无一不被父母左右着。父母总是告诉我们："天冷了，该加衣服了。""穿成这样，像什么话，脱掉，不许穿。""你应该多跟人家兰兰玩，不要被那些坏孩子带坏了。"

　　似乎父母对我们的选择的干涉也存在一定的惯性，它顺其自然地延续到了我们选择从事的行业和下半辈子终身的伴侣中。在父母的干涉下，我们选择的依据一直都是"父母认为好"，而不是"我喜欢"。但每个人都是一个独立的个体，都有自己独特的喜爱憎恶，这就是所谓的人的天性。在按照父母规划的样子生活时，我们的天性也就受到了压制。

　　有一个前提是不能忽略的，无论父母的行为对我们造成了怎样的困扰，都不能否定它拥有美好的初衷。父母用半辈子的经验为我们做出最为稳妥的选择，这是为了让我们少经历一些他们年轻时经历过的苦难。父母的选择中不仅凝聚着他们的人生智慧，更重要的是它包含着父母对子女的爱。

　　但父母也会有自私的一面，有的时候他们会把自己的子女当成他们圆梦的傀儡。他们年轻时的梦想，因为种种原因没能实现，等到有了孩子，便不由分说地把他们的梦想强加给了孩子。这就在两代人之间埋下了矛盾的祸根。孩子小的时候这个矛盾并不明显，但随着孩子自我意识的觉醒，两代人之间的矛盾就会越来越激化。这时候，有一个不得不承认的现实摆在了我们的面前——父母很可能是你人生路上最大的阻碍。

　　这样的冲突之所以会如此激烈，是因为两代人生活在不同的时代，所形成的价值取向也会有一定的差异。再加上中年人趋向于稳定而年轻人讨厌安逸，各种因素交织在一起，两代人之间的矛盾似乎成了一种不可调和的难题。

　　以下方法或许能帮助到你。

找到自己真正想要的，并坚持

父母最担心的就是我们的选择是错误的，所谓的错误就是坚持了一段时间后发现不合适，工作和人生伴侣都是如此。但如果你的选择是正确的，并且能一如既往地坚持下去，他们也就不会再反对了。

在选择时多问自己是否做好了长期坚持的准备，如果你能毅然决然地对自己说："没问题。"那么你就可以决定了，如果你的心里还有一丝的犹豫，那就需要再慎重地考虑一下，究竟要不要做出这个决定。

做出一定的成就

父母为你的人生做出各种各样的规划无非就是想让你少走一些弯路，少吃一些苦。其实，这虽然是一种关爱，也是一种对你能力的不信任，你需要用你的实力来证明自己。当你在自己选择的路上有了一些小小的成就时，父母也就看到了你的能力，他们也就可以放心让你自己去闯荡了。

坦诚地说出你的想法

有的时候，在选择时产生的矛盾都是因为两代人之间没有进行很好的沟通，父母没有好好听取你的意见，你也没有主动地向父母吐露自己的想法，这样一来双方都处在一种想象和猜疑中。父母以为足够了解你，而你早已不再是他们眼中的那个样子，此时你需要与父母进行一番正式的沟通。

你可以选择父母心情都很好的一个晚上，再做一些让他们开心的事情，比如为他们做一顿饭，当双方心平气和地坐在一起时，问题就能在一种理性的氛围中得到很好的解决。我相信，你提出的要求，父母大多不会太过反对。

要知道，反驳父母并不代表不孝，用自己的实力去证明自己的能力，用自己的真心去融化父母的心，你的选择和父母的意见将不再针锋相对。

3. 如何才能有资本对这个世界说"不"

龙应台在《亲爱的安德烈》中有过这样一段表述："孩子,我要求你读书用功,不是因为我要你跟他人比成绩,而是因为,我希望你将来会拥有选择的权利。选择有意义的工作,而不是被迫谋生。"努力所能换来的是选择的权利,而选择的核心就是有说"不"的资格。

家里人给小唐介绍了一个男孩,北京人,在某大型央企工作,工资待遇都特别好,小伙子长得也很精神。但小唐只是一个民营教育机构的讲师。家里人,尤其是她的母亲,反反复复地叮嘱她:"条件这么好的男朋友,错过了可就再也找不到了。"

在外界的撮合下,小唐和男孩走到了一起,他们俩的恋爱在一种平平缓缓的状态下发展着。不久,男孩问小唐对未来有什么打算,小唐很坦诚地说了自己的想法,以事业为重,目前不考虑成家,男孩却打算在明年就结婚。这样一来双方就出现了矛盾。

其实,小唐是想分手的,但怕应了长辈们的那句话——"错过了这个村,可就没这个店了",她害怕未来再也遇不到条件这么好的男孩了,所以就这么一直勉强地拖着……

很多时候,我们会陷入一种进退两难的境地,被迫接受一些自

己并不满意的东西。这些东西在他人看来足够诱人,甚至是求之不得的,拒绝的都是"大傻子"。但你自己却偏偏不喜欢这些。比如,一份无聊却又稳定的工作、一个条件出众却不是真心喜欢的男朋友,等等。但最后你仍然接受了这一切,这是因为就自身条件而言,这些东西对于你来说都是一种奢求。

说得直白一点,这些东西对于目前的你来说是一种不可多得的机会,也是一种"高攀",这些东西很可能是你人生的一个转折点,如果你接受了这些,就很有可能立刻跳进那个你梦寐以求的人生;如果拒绝的话,那你只能用苦苦奋斗来开辟一个希望渺茫的未来。

这是建立在你自身不够优秀的前提下,如果你自身拥有足够的实力,能确保你所选择的那条路一定会比你所拒绝的那条路更加光明,你就会毅然决然地拒绝。这样的实力除了靠艰苦奋斗之外,无处可求。

没有勇气拒绝的背后是一种依赖的心理在作祟,依赖一份稳定的工作确保生活不至于太落魄,依赖一个条件优秀的丈夫可以使生活质量得到极大的提升。你之所以需要依赖是因为自己不够强大,没有能力去获得稳定的收入,没有能力去提升自己的生活质量。

在依赖中你丢掉了选择的权利,你不敢轻易地说"不",你怕自己无法承担拒绝之后的后果,你一直被迫走在一条背离自己意愿的路上。从此你没有了真正的快乐也失去了真正的自由,你处处乞求他人的怜悯,就像电影《大话西游》里说的:"你看,他好像一条狗。"丢掉了选择之后,同时你也丢失了做自己的权利。

以下方法能让你在拒绝时少一丝犹豫,多一丝坚定。

描绘你想要的生活

大多数的情况下,我们之所以没有勇气拒绝是因为物质方面的原因,我们认为金钱是一切的基础,所以一切以"更多的金钱"为准则。但你想要的生活与金钱的关系其实并没有你想象的那样密切。描绘你想要的生活,你会发现,它虽然需要经济来支撑,但凭借自己的能力,完全有机会去实现。既然如此,何必再去依赖他人。

多问一句"我愿意吗?"

人生没有对与错,无论怎样你总能在这个世间生存下去,你追求的无非就是活得更好,而活得更好的潜在含义就是活得快乐。在选择的时候多问自己是否真的喜欢,是否真的愿意,这些才是你选择的依据,也是你快乐的根本。

既然快乐才是生活的根本,那么你的选择就完全可以由自己掌控。剩下的就是征服外界对你的影响。多问一句"我愿意吗"?可以强化自己的意志,弱化其他无关紧要的因素,让你的选择更加坚定。

认真做好当前的工作

认真做好当前的工作,在工作中获得成就感能强化你对未来的信心,当你对未来充满信心时,强大的自信心会让你有足够的勇气去坚信:靠自己未来同样会过得更好。

做喜欢的事,和喜欢的人在一起

外界的逼迫大都是"乘虚而入"的,在你苦苦求职中你很难拒绝一份稳定的工作,虽然你并不喜欢它;在你单身时很可能接受一位条

件并不出众的"对象",虽然你对他(她)并没有什么特殊的情感。

做自己喜欢的事,和喜欢的人在一起,不给外界留出任何"可趁之机"。当外界的逼迫诱惑来临时,你才能有足够的底气和实力去抵抗。

奋斗不是为了证明自己比谁强,也不是为了去争取什么,只是为了让自己有做自己的权利。

4．别拿平凡可贵当不努力的借口

在网络上看到这样一句话：最怕你一生碌碌无为，还安慰自己平凡可贵。相信你和我一样，看到这句话之后都会心里一紧，没错，它揭穿了我们在现实中的庸庸碌碌。现在，很多年轻人并不是真的知道"平凡可贵"，他们只是懒于或者说不敢去奋斗。

大学毕业的时候，舍友邀请张然一起去北京闯荡，张然一口回绝了，他说："北京那种地方，人才一捞一大把，你什么时候才能出人头地啊？再说了，你就算出人头地了就能买得起北京的房子了吗？我还是踏踏实实地回我们那个小城市找个稳定的工作吧。"

正是本着这样的想法，张然毕业回家后也没有急着去找工作，而是安心在家准备各种各样的考试。很快一年过去了，这一年里，不管是事业单位的考试还是公务员的考试，他一次也没通过。

第二年，身边的人都劝他出去找一份工作锻炼一下自己的能力，他却说："我一不想做大老板，二不想做大官，只想考个固定的岗位平平淡淡地生活，用不着锻炼。"

我们身边有很多像张然这样的年轻人，包括我们自己可能也是其中一员。认为自己的想法足够成熟，自己选择的道路才是真的现实，

我们把"平平淡淡才是真"放在嘴边来回应那些让我们去奋斗的声音,也用这样的话来安慰自己。

这不过是一种自欺欺人的手法罢了,不信,你坦诚地问问自己:"你真的不想有所作为吗?你真的就这么甘于平凡吗?"我相信,大多数人会犹豫,犹豫就说明你常挂在嘴边的"平平淡淡才是真"只是你不肯奋斗的幌子。说起年轻人,人们脑子里大都会蹦出这样的词汇:意气风发、风华正茂。但庸庸碌碌的我们哪有一点儿年轻人的样子。

一部分年轻人不愿意去拼搏当然有一些社会方面的原因,阶级的固化让年轻人的奋斗变得更加艰难,并且成功的概率变得很低。年轻人很容易在奋斗中因看不到希望而丧失信心,最终选择放弃。当这样的情况现象化之后,那些年轻人还未开始工作就被灌输了"不管你怎么奋斗还是买不起房"的观念,这让他们一开始就打消了去拼搏的念头。

再加上年轻人一旦到了职业选择的阶段,父母会一反你学生时代"望子成龙,望女成凤"的心态,给你灌输一些"平平淡淡才是真"的思想。当然"平平淡淡才是真"并没有错,只不过它并不适用于年轻人。

这是人在从中年即将步入老年时,经过半辈子的总结才应该得出的人生哲理,这样的道理应该由我们自己的感悟而得来,当父母作为"过来人"把这些道理过早地灌输给年轻人时,很容易让年轻人思想"早熟"。而年轻人本就对未来有一些恐慌,当他们被灌输了这样的思想后,就很容易迎合"平平淡淡才是真"中消极不进取的一面,而不是真正地达到了看淡一切的豁达境界。

再加上,我们这一辈的年轻人,大都是家里的独生子女,从小受到了无微不至的呵护。不管你愿不愿意承认,从温室里走出来的我们已经丧失了一部分去奋斗的勇气。

当然，我们庸庸碌碌最主要的原因还是出在自己身上。在学校里我们逐渐变得懒散，却又偏偏有一颗不甘平庸的心，用网络上的话来说就是"间接性地踌躇满志，持续性地混吃等死"。工作时，我们眼高手低，看不起这个职位，看不上那个公司，但你看得起的又高攀不上，最后就变成了高不成低不就，只能慵懒地待业在家。

年轻人应该是激昂奋进的，以下几个小方法能让你找回年轻人应有的活力。

多和有活力的人沟通

通常情况下，我们会在与他人的沟通中逐渐接受对方的思想，与什么样的人沟通，你的思想里就会留下怎样的因素。多和上进的人沟通，多接触正在奋斗的人，久而久之，你身上的"暮气"就会被昂扬向上的"朝气"取代。

参加对抗激烈的体育运动

人的心理状态会表现在生理上，懒散无为的人大都行动迟缓，逃避竞争和对抗。而生理上的刺激也会反作用于心理，参加一些对抗激烈的体育运动，让自己重新燃起"血性"，让竞争和对抗来刺激你趋向安稳的心，让它重新充满活力。

对抗激烈的体育运动包括篮球、足球、拳击等，在参加这些体育运动时要注意保护好自己的身体，避免受伤。

去一个竞争激烈的城市

在一些竞争不够激烈的三线城市，年轻人很容易过早地进入"中

老年模式",所以到一些竞争激烈的大城市去生活,可能就会在快的生活节奏和巨大的压力中重新燃起奋斗的欲望。

年轻人,不要过早地把"平平淡淡才是真"挂在嘴边,因为你还没能真正理解它。

5. 如何战胜深植于体内的惰性

作家罗兰说："懒惰是很奇怪的东西，它使你以为那是安逸、是休息、是福气；但实际上它所给你的是无聊、是倦怠、是消沉；它剥夺你对前途的希望，割断你和别人之间的友情，使你心胸日渐狭窄，对人生也越来越怀疑。"不用怀疑，惰性这个东西，我们每个人都有。

一到周末，小志就会窝在家里哪里都不去。室友说："咱俩来北京都一年多了，那些出名的景点一个都没去过，一起去逛逛吧。"小志却认为每天起那么早去挤地铁，下班回到家已经晚上八点多了，而工作又那么累，周末就应该好好休息休息。

小志周末确实是在好好休息。他早上睡到很晚才起床，不管是冬天还是夏天，他都不愿意出门，就喜欢躺在床上看电影、打游戏。到了中午就在网络上订个外卖，吃过午饭之后再小睡一会儿，下午延续上午的状态，一周换下来的脏衣服也懒得去洗，晚上一起扔到洗衣机里胡乱洗洗接着打游戏。

室友忍受不了这样的生活，每周都会出去看看展览、逛书店、听讲座，以此来提升自己，几年下来小志因为得不到晋升的机会回老家了，但室友却在不断地升职加薪，最终留在了北京。

不知你是否也有这样的感受,当你体能充沛时总有想跑一跑、跳一跳的冲动。相应地,如果你体能不佳时,就想躺在床上,哪里都不想去,什么也不想做。而后者恰恰也是惰性最常见的一种表现,这是因为与惰性相对应的勤奋是一种消耗能量的过程。

人之所以会选择懒惰而不选择勤奋不外乎两种原因:第一种原因是体内能量不足,你累的时候总比你体能充足的时候要懒得多;第二种原因是消耗能量是一种相对痛苦的事情,在趋利避害的天性之下,人自然会选择惰性。

以上只是从生理内部来解释惰性产生的原因,除此之外还有外部的原因。我们常常会说某个人比较懒,其实这指的是这个人在一些事情上执行不力、拖拖拉拉、逃避躲闪,但需要注意的是,再懒的人也有勤奋的一面,这是因为让他勤奋的那件事情他是真的愿意去做,或者不得不去做。所以,做事的动机是影响一个人在某件事情上会表现出惰性还是勤奋的关键因素。

在实际的工作和生活中,当你目标过于抽象化时,会因为没有具体的标准,也不知道该从哪里入手去做,所以你终日就如"隔靴搔痒"一般,只能在一些表层工作上飘来飘去,一会儿做这个,一会儿做那个,这时候领导就会说你"懒散"。其实,这样的惰性是因目标的过于抽象导致的。

也有一部分人的惰性是在逃避某种责任。责任往往会伴随着压力而存在,当伴随你所需要承担的责任而来的压力过大时,你会产生一种恐慌感和无力感,在这种负面情绪的影响下,你会用相对迟缓的行动来躲避责任的承担,企图以此来缓解过大的压力。你迟缓的行动就是惰性的表现。

在这个追求高效的社会里是容不得懒惰的,不管你是因为什么样的原因而导致的惰性,都必须用勤奋来代替,以下方法能帮助你克服懒惰的老毛病。

锻炼

无论你从事的是哪一行哪一业,健康的身体、充沛的体力和精力都是你一切行动的根本。所以,克服惰性最应该做的就是锻炼。

锻炼,一方面是为了让你拥有健康的体魄、充沛的精力和体力,另一方面还能让你达到瘦身的效果。我们会发现,体型相对胖一些的人更容易产生惰性,这是因为不论做什么,他们需要消耗的能量要比瘦的人更多,所以,通过锻炼来瘦身,能让你减少能量的消耗。

充足的食物供应

与锻炼相辅相成的就是饮食,如果将人比作一辆汽车,锻炼能让你的发动机更加强劲,那么充足而健康的饮食就是给你的发动机中注入高纯度的汽油。

人们行动所需要的能量绝大多数都是从日常摄入的食物中获取的。我们从食物中获取的最主要的三类营养是糖类、脂肪和蛋白质。所以日常多吃一些主食、瘦肉和坚果能为我们的身体提供更加充足的能量供应。

直接去做

托马斯·杰弗逊说:"下定决心永不懒惰……要是我们一直行动,将能取得多少辉煌成就。"很多时候惰性是由拖延导致的,或者是优柔寡断,或者是争论不休,在拖延中惰性越来越严重。如果你径直去行动,反倒一切水到渠成,惰性就会自然而然地消散了。

惰性的确是人的通病,但这并不代表你可以让它肆意蔓延,最终摧毁你的整个人生。克服拖延,让自己更加高效。

6. 主动思考，不轻易盲从

最近几年"人工智能"这个词汇突然大热，它代表着新一轮的机器与人的竞争就要开始了。在机器不断取代人力的今天，人区别于机器最本质的东西就显得尤为珍贵了。在所有人区别于机器的素质中，具有显著个人特色的主见和判断力可以说是一个人最宝贵的财富。

大三的时候，吴帆见舍友都在忙着准备考研，对未来从来没有规划过的他也跟着大家一起买资料、报辅导班、泡自习室。不同的是他根本学不进去，就算去了图书馆，他也是在打游戏、看小说，而之后的研究生考试他压根就没去。

大学毕业后，几个考研失利的舍友又谋划着一起南下找工作，吴帆嚷嚷着也要加入这个队伍。当到了南方的城市后，舍友都陆陆续续地找到了工作，吴帆的面试却屡屡碰壁，没过多久又因为水土不服大病了一场。

后来，家里人给他打电话，告诉他家乡的事业单位要招一批新人，建议他回去准备考试。吴帆听取了家里人的建议，拖着行李回老家准备考试去了。辛苦准备了一个多月的考试最终也没能如愿上榜，现在他在几个北漂同学的鼓舞下又准备收拾东西北上……

可以毫不留情地说，我们这一代人是最缺乏独立意识的一代人。从小受到了家长和老师全方位的呵护，但那个时候无论是父母还是老师，他们都没有激发我们独立自主地处理问题的意识。家长帮我们选择了一切本该我们自己去选择的东西，老师直接告诉我们什么是对的什么错的，这样的教育方式让我们从小就丧失了自主判断的能力。

成年以后，当我们面对重大的选择或者需要自己去做出判断的事情时，会变得慌乱、紧张、迷茫、困惑，进而走向盲从、失去主见。在这些表象的背后，透露出的是我们在某些重要的素质方面的缺失。

在失去自主判断能力之后，我们也失去了质疑的能力。不能质疑的人最显著的表现就是跟风和人云亦云。我们已经经历过了太多的疯狂，也转发过无数的谣言，当我们在网络上看到一些言论之后，失去质疑能力的我们总是轻易地就信以为真，然后进一步地酿成了不够理智的行为。

继续深究我们会发现，在失去了独立判断的能力之后，我们也失去了对信息的整合分析能力。这表现在我们同时面对多个不同意见时会变得犹豫不决，难以抉择。但对于任何人来说，这都是一种至关重要的能力，正是这种能力让你确保了你在人言纷杂的社会中能找到你最想要、也最适合你的东西。

失去了对信息的整合分析能力之后也就自然而然地无法具备得出结论的能力。所谓的结论一定是建立在信息整合分析的基础上，再掺入一些主观意识上的判断，最后得出的一个有理有据的观点。它表现在一个人对某件事是与非、轻与重的看法上，当一个人不具备得出结论的能力时，他会逃避决策，立场不坚定，不能找到解决问题的方法。

如果你遇到事情有慌乱、紧张、迷茫、困惑、盲从、无主见的现象，不妨尝试用以下方法来帮助你提升自主判断能力。

表达出自己的观点

大多数的事情都没有明确的对与错,人人都有解读它的权利,你之所以越来越没主见是因为你总觉得自己的看法比他人的观点低那么一截,你怕表达出自己的观点之后被他人嘲笑。但越是这样做,你遇到事情就越是依赖和盲从。你需要及时地表达出自己的观点和诉求,也许最开始,你的观点只是你的一种猜测和主观上的偏好,但坚持表达,你就会发现自己也能建立起自己的一套分析事情的体系。

多问、多查

当看到一个观点时,不要急着去相信,要先问一问"这是真的吗,它是从哪里来的"?如今自媒体兴起,这也导致了整个互联网生态的混乱,无数虚假、偏激言论四处转发和扩散。它们往往具有很强的煽动性,我们在不知情的情况下很容易被欺骗。

遇到了这些言论,一定要多问、多查,向权威人士发问,查阅具有权威性的材料,会让你逐渐变成一个理智而有主见的人。

广泛地涉猎

那些涉猎广泛的人不仅不会受到大众不理智行为的影响,还总能自成体系,坚持自己的立场而不动摇。这是因为他们广泛的涉猎带给他们足够的知识储备,更有甚者能构建起自己的知识体系。无论是知识储备还是自己的知识体系都能帮助一个人提升自己的自信心,也能增强他分析问题、解决问题的能力。在这两种素质的综合作用下,自主判断的能力也就提升了。

在互联网时代,丢掉了自主判断能力的你是会被机器取代的。

7. 跟随兴趣点，寻找你的优势所在

人都有这样的共性：不喜欢做的事情主观上就不愿意投入更多的时间和精力去做，喜欢做的事情即使没有人要求也会主动地去做。通常情况下，我们把喜欢做的事情归结为"兴趣点"，既然我们愿意在"兴趣点"上投入更多的时间和精力，为什么不借着这个机会让"兴趣点"变成我们的优势呢？

一直以来，张韬都是同学中最不起眼的那一个，他似乎在所有方面都表现得很一般。他最引人注意的是，他对网络游戏十分痴迷，大学期间经常逃课打游戏，因此他也被同学们视为最没有未来的同学。

但张韬对网络游戏的痴迷和其他人不一样，其他人只是喜欢玩，而他是喜欢研究，他甚至会把游戏中每件虚拟装备的属性一一罗列出来，然后用数学的方法进行分析。当然，这样的敬业精神也让他在网游圈里混出了一点儿名气。

大学毕业后，升学读研的都开学了，选择就业的也都工作了，只有他每天窝在家里打游戏，还总是受到家里人的批评。一次，网游圈里的一个朋友对他说："你这么喜欢打游戏，还玩得这么好，为什么不做一个游戏主播呢？"朋友的一句话点醒了他，他开始为自己成为

游戏主播做准备。

随后他的游戏直播间就上线了,开播没多久,就凭借专业的解说和细致入微的分析俘获了一大批粉丝的关注。现在,每天看他游戏直播的粉丝稳定在200万左右。靠着这种人气,他成了目前为止同学中收入最高的人。

如今,你会发现很少有一部电视剧、一个歌手或是一种风尚能成为"全民"热捧的对象。这是因为如今人们兴趣差异化的现象越来越明显,这也意味着无论你做什么,都会有很大的潜在市场。所以,在这样的时代背景下,你无须担心自己的优势得不到发挥,只要你的优势足够突出,你就能成为某一行的"状元"。

我们在做自己真正喜欢的事情时总能做到全神贯注,达到这种状态不需要依赖任何外界的力量,一切都是自发的。在全神贯注的状态下你会感觉时间过得很快,不知不觉间一个上午、一个晚上就过去了。心理学家米哈里·契克森米哈把这种现象定义为"心流",心流产生时伴随着高度的兴奋。

通过观察,我们发现人所产生的兴奋大概可以分为两种。一种是暂时性的,这种兴奋的实质就是强烈的快感,比如美食带来的味觉刺激。另一种兴奋是舒缓却悠长的,用一个成语来概括就是回味无穷。带有这种兴奋做的事情大都是一些相对高雅的活动,比如练书法、听音乐、读书、品茶。这种兴奋不仅能让人陶醉其中,还能留下深远的回味,以此来促成下一次的行为,而有心灵体验的事情大都会让人回味无穷。

也就是说,做你感兴趣的事情,不仅能让你全神贯注,而且心灵带给你的那种回味无穷的兴奋还会让你自发地把更多的时间、精力和脑力投入到这件事情上。而所有的这种全神贯注的状态,就是成就某项优势最关键的因素。

兴趣赋予了你成就某种优势最核心的因素,而下面的方法能帮助你更好地把兴趣转化为优势。

为自己的兴趣付费

一种普通的素质要想变为一种优势就必须做到优于常人。所谓的"优",一方面指的是比常人的水平更高,另一方面指的是比常人更专业。为你的兴趣付费能让你在这两方面的提升变得更加高效。

现在,互联网上兴起一股知识付费的热潮,任何一项技能都有更加专业、水平更高的人在分享他们的经验,不过这些分享都需要支付一定的费用。除此之外,更加优质的工具也会增加你在做这件事情时的舒适度。而成本效应也会在你出现倦怠的时候敦促你继续自己的行为。

给自己的兴趣一个专属的时间和舒适的空间

既然想要把兴趣转化为优势,就不能单纯地把兴趣当作一种享受,碎片化地、不系统地进行。你需要为自己的兴趣留出一段专门的时间全面地、系统地进行更加深入的学习和训练。

在预留专门的时间之外,你最好能为自己的兴趣营造一个舒适的空间。如果你的兴趣点在书法上,你可以将用来练字的环境整理得干净简洁一些,有条件的话还可以装扮一下,让整个环境看起来更加古朴、优雅,这样的环境将直接提升你行为的舒适度。这种舒适度有助于减缓重复练习所带来的疲乏感和烦躁感。

把兴趣变为优势其实就是在享受中前进,何乐而不为?

第四章

迈出舒适区,走进挑战区

进阶力 从被动努力到主动进阶

1. 年轻的时候，去追逐变化而不是稳定

前段时间网络上流传过这样一句话，"请不要在最应该奋斗的时候选择安逸"，它深深地扎进了每个年轻人的心里。我们总是以"现实"的理由来回避不肯吃苦、不肯奋斗的事实，过早地想要"一步到位"，过早地选择一些安逸的工作。

燕子毕业后和同学来到了广东，好不容易进了一家大型企业，但两个月后她就辞职回家了。她说在大企业工作很辛苦，正好家里帮着找了一份不仅稳定还十分轻松的工作，所以她辞职的时候义无反顾。

没过几年燕子就下岗了，当时单位里进行了一次大的整改，她很不幸地成为了"被整改"的那批人之一。当朋友们问起她为什么会被辞退时，她说："我原以为这是个'铁饭碗'，平时领着工资混日子就行了，没想到突然要整改，平时在单位里没给领导和同事留下好印象，也没有突出的表现，最后只能被辞退了。"

一直都以为现在的大学生毕业后会更向往那种充满变动与挑战的工作，不愿意早早地划定自己的人生。后来的事实证明这是错的。现在的年轻人更偏向于找一份安稳的工作，然后开始平平淡淡的一生。而那些心怀梦想，想要去奋斗的人，反倒成了人们眼中"不踏

实""不务实"的人。

在普遍的认知里,年轻人毕业后找一份体制内的工作是最切合实际的,也是最体面的。有了一份体制内的工作,你这辈子就稳定了。但体制内的工作真就稳定吗?

我们觉得体制内的工作稳定,是因为单位跟国家挂钩,所以不会倒闭,所以靠得住。也许在我们父辈生活的年代,这样的观点是无法反驳的,但在如今这个不断变革的时代,哪怕只是五年之后的样子都会远远超出你的想象。

时代在改变,政策也在改变。以前我们认为银行的工作是最让人眼红的,不仅稳定、体面,还赚得多、福利好。近几年,在手机支付的冲击下,银行几乎已经到了"全员拉业务"的危急关头。

下一次路过一家银行时,你不妨走进去看一看,前几年还忙忙碌碌的银行业务大厅,如今已经变得空空如也,就连24小时自助取款机也冷清了许多。因为现在的手机支付几乎能满足一切的日常交易,人们不再需要那么多的现金了。

单位靠不住了,那是不是靠着手艺技术就可以过上稳定的生活了?事实恐怕会让你失望。还记得小时候,在农村的婚礼上,除去一对新人外,最体面的人就是摄像师傅。他扛着人们平常少见的摄像机到处找角度,无论他走到哪里人们都会赶紧给他让个位子。因为在那个小镇上就这么一个摄像师傅,所以他从来不缺生意,日子也是过得富足美满。但是现在,摄像师到处都是,所以没有什么技术能真正地保证唯一,你会的,比你精通的大有人在。

马云常挂在嘴边的三个词汇是互联网、技术、大数据。没错,现在的一切变化与变动,都是这三者带来的。这三者改变了市场,冲击着体制,但也正是这三者让这个世界变得更加公平。

不要抱怨这个时代残忍，害了你的不是时代，是你那颗过早追逐稳定的心。

同样是在体制内工作，为什么被辞退的是你，而你当初的同事不仅没有被辞退，在改制之后反而被委以重任，走上了人生的另一个台阶？同样是靠手艺吃饭，为什么你的生意越来越惨淡，而你的同行却越来越风生水起？

限制人发展的从来都不是岗位和手艺，而是你的心。那些上进的人无论身在何处都不会甘于在平稳中沉沦，他们都会努力的做到出类拔萃。

不管你在奋斗，还是在体制内安安稳稳地上班，以下几个建议都能让你在变动中不被淘汰出局。

养成看新闻的习惯

这是一个信息时代，政策影响到你生活所需要的时间越来越短，所以，无论你从事哪个行业，都要养成看新闻的习惯。跟着政策走，才不会被落下。现在的新闻早已不只是每天的《新闻联播》，各大主流媒体的微信公众号、官方微博、App都能让你随时随地接收到最新的新闻。多关注几个主流媒体的公众号，没事看一看能让你跟上时代的潮流。

结交几个业内的精英人士

精英人士总是走在行业的前沿，他们拥有一手的资讯，先进的技术。结交一些精英人士可以让你接触到行业里深层次的东西，也能让你及时了解行业发展的趋势，不至于被动地"追赶潮流"。

体验先进的技术

当初淘宝刚刚兴起的时候，多少人熟视无睹？但当淘宝的第一批卖家赚得盆满钵满的时候很多人眼红了；当初微信公众平台推出来的时候人们不以为然，当一个个的创业奇迹在微信公众平台诞生时，不少人又后悔了。在你的条件允许下体验相对先进的技术，能让你不错过任何一个可能改变你一生的机会。

找体制内的工作没有错，学一技之长没有错，错的是你把它们当成了永恒不变的东西，错的是你让一颗追求稳定的心危害着自己的人生。

2．给自己危机感，提升改变的动力

《孟子》有言："生于忧患，死于安乐。"今天的世界正处在前所未有的激变之中。时间跨度不用太大，你可以尝试着回忆一下三年前的生活，将之与今天相比，就能真切地感受到激变并不只是一句口号。处在这样的时代，人生最大的危机就是没有危机感。

小川高中毕业后，遵从了家里人的意见没有上大学，而是去了一所煤炭专科学校。这所学校隶属当地矿务局，为矿务局旗下的各个大型煤矿定向培养技术型人才。小川正是冲着煤矿上的高工资才选择了这所学校。

入学后小川渐渐发现，在学校里根本学不到实用的技术，即使这样也不用担心毕业后没有工作。渐渐地，小川放松了警惕，他不再按时上课，整天窝在宿舍里打游戏。

毕业后他很顺利地成为了某大型煤矿上的一名正式员工，但好景不长，国内煤矿行业急剧衰落，小川所在的煤矿的效益也大不如前。为此煤矿决定裁员，裁员的名额通过考核来决定。很不幸，理论和技术都不过关的小川被裁掉了。从煤矿出来后，没学历也没技术的小川失业在家，迟迟没能找到工作。

我们总听大人们在说:"入了编制,就一辈子不用愁了""有了手艺,就一辈子不用愁了""当了公务员,就一辈子不用愁了"。但事实证明,当初"不用愁"的那些人,后来反而会"愁得白了头"。

在如今这个时代,不能再用父辈们的眼光来衡量一切。互联网的发展已经打破了太多的规则,三年前出门不带钱会被人视为"傻子",然而到了今天,在移动支付已经能满足大部分日常交易的背景下,出门还带着大量现金反而会被人视为"傻子"。规则的改变意味着某些行业固有的规律也被打破了,当下人的未来比之前所有时代的未来都要难以捉摸。

总而言之,时代的改变,不再允许人有"一辈子不用愁"的想法,要想在今天保持一个不被淘汰的状态,或者在此基础上更进一步,在这个时代中混得游刃有余、风生水起,保持危机感很关键。

人的进取精神来自危机感,但危机感并不一定在遭遇困境和逆境时才会产生。明智的人的危机感来自对未来的考虑,也就是说,那些优秀的人都是在忧心未来的情况下主动地去进取而非被动地去改变。这也是为什么传奇企业家李嘉诚每天要花90%的时间去考虑未来的事情的原因。

近来,有学者提出了"就业力"的概念。就业力的本质是永续实现自我的能力,而非拥有一份工作的能力。就业力具体表现为:态度、个人特质、生涯管理与自我营销。而在就业力背后起主导作用的就是危机感。持续性地保持一定的危机感让人不再只着眼于谋一份工作,而是把目光放得更加长远,去关注终身的就业能力。

拥有了危机感只是第一步,危机感只是让你知道了应该去行动,并在此基础上给了你一定的动力,至于究竟应该怎样去做、做什么,你仍然一无所知,这样就很可能走弯路。在紧迫感之中,你可以适度地让自己紧张，但不能让自己焦虑、慌张、忙乱，你要找到重点再去做，而不要盲目行动。

以下方法能让你在有条不紊的状态下，拥有受益终身的就业力。

分析自己，找到对自己最有利的位置

这是一个自我认知的过程，既然是为终身的就业能力作谋划，你就必须选择一个正确的突破口。所谓正确的突破口，指的是你的优势和兴趣所在。在此基础上，才有可能发挥出你最大的潜能。

试着问自己："我能做得很好的事是什么？""我喜欢做的事是什么？""我未来想成为怎样的人？"比如，我能写一篇有深度的文章，我喜欢看书，未来我想从事文字类的工作。这样一来，你的定位就基本清晰了，对你最有利的位置就在文字方面。

不盲从，树立自己的独特优势

年轻人很容易因外界影响而放弃自己最初的立场。你需要做的就是坚持自己，不论外界如何变化，出现了怎样的危机或者产生了怎样的诱惑，你要知道那都不属于你，你要坚持自我，让自己在选择的路上更杰出。

决定从事文字工作的你不能因羡慕他人做销售类的工作狠赚了一笔便放弃文字工作，而改做销售，你需要做的就是把你的文字工作尽可能地做到极致。

用一次"冒险"来点燃自己的激情

如果你已经在自己的道路上走了一段时间了，此时你就需要适当地冒一次险。这样的行为一方面会让你变得更加有激情，另一方面

很可能通过这一次冒险就进入了你人生的下一个阶段。就像易经里说的"或跃在渊"。比如,从事文字工作的你,可以尝试性地写一些东西,再投给媒体。

  安逸的生活最容易自满自得,常有危机感,才能让自己的精神和肉体都保持竞争力。

3．如果有两条路，选择难走的那一条

电影《喜马拉雅》中有这样一句台词："如果你要选择一条路去走，那么就选最难的那一条。"其实，人生就像爬山，当你在山腰爬不动时，你有两条路可走，一条是下山，另一条是上山，孰难孰易一目了然，但难走的路才是前进和向上的路。

陈军大学学的是IT，毕业后他考进了一家银行，在银行里做了两年的业务员。正当他在业务员的岗位上得心应手时，单位里新增了一个技术岗，急需技术人才，陈军很眼红这个岗位，却又割舍不下现在的岗位。

原来，他在这两年里好不容易积累了一些资源，这是一个辛苦的"搭桥"过程，桥一旦搭好之后赚钱就会容易得多。凭着这点资源，在之后的工作里他的收入会翻一倍，但如果去技术岗，抛开工资不说，一切都要从头开始。

陈军最终还是选择了技术岗，最开始的确很难，但一番努力过后，慢慢地他成了单位里技术方面的"领头人"。这时手机支付兴起，银行的业务越来越难做，甚至一些业务员不得不另谋他就……

人的一生会面临无数次选择，通常情况下，可供你选择的路可以

分为两类,一类是相对容易的,另一类是相对艰难的。相对容易的那条路,虽然能保证你不至于太差,但也限制了你的长远发展;而那条艰难的路则有可能让你成为一个杰出的人。

在这样的路口每个人都会犹豫,艰难的那条路给了你足够的诱惑但存在诸多的挑战和风险,而容易的那条路更加靠谱,却又为你的人生划定了上限。对于大多数的年轻人来说,在心中会更加偏向于选择那条艰难而又充满挑战和风险的路,但很少有人敢于跟着自己的心走,这是因为大多数的时候,选择就像一场豪赌。在这场豪赌中,我们押上的是自己的未来和人生,一步走错满盘皆输。

为了不至于落得个满盘皆输,大多数的人都会退而求其次,不求多么成功,只求不至于太过落魄。这都是少不经事的年轻人的想法罢了。人生是经不起仔细推敲的,没有哪一条路一定是正确的,走在那条艰难的路上的人,如果最终没能做到杰出,就一定是失败的吗?而选择了容易的路的人,真的就能保证人生不至于太过惨淡吗?

恐怕事实会截然相反吧。难走的路虽然艰难,但它却是一条向上的路、前进的路,走在这一条路上,即使你没能走到顶峰,也能高出他人一截。而那条容易走的路通常都是下坡路,稍不留神,你就可能被时代淘汰。在这个时代,因为不肯吃苦而选择走容易的路而被淘汰的人还少吗?

别忘了这是一个正在飞速前进的时代,在这样的时代背景下如果你选择了那条容易的路,就相当于给自己的人生设下了限定,在前进的社会里,终有一天你会被时代抛弃。

以下小方法可以帮助你在选择那条艰难的路时更果断、更坚决。

切断容易走的路

你之所以会犹豫是因为还有选择的余地,如果你眼前只有那条艰难的路,你还会犹豫吗?既然想要在艰难的路上闯出一片光明的未来,那就把另一个选择抹杀掉,让自己的选择变成唯一,让自己今后的努力没有犹豫。这是一种把自己逼上绝路的方法,这种方法往往能激发人的斗志。

用文字描述出来

准备两张白纸,分别写上两条不同的路,然后在空白处写下以后所有的可能。写的时候既要根据自己的实际情况,又要写出自己最直接的想法,然后将两者作比较,在一目了然的结果下,相信你不会再迷茫。

问年龄相仿的人

问年龄相仿的人,并非因为他们能帮助你做出正确的选择,而是他们给你的答案,相较于长辈来说会更丰富、更多样,也会更符合时代的潮流。而在听取对方的答案时,你需要关注的是自己听到答案时的反应,那个切中你内心的答案就是你最想要的答案。此后你需要多与这个人交流,以强化自己的选择。

有句电影台词"成年人的世界里没有'容易'二字",如果非要说个正确与否,我相信,艰难的路才是正确的路。

4．多尝试一些未知的领域

对于未知的领域，我们除了会感到好奇，同时也会产生一种排斥心理。我们总喜欢用"不擅长""不习惯""不喜欢"这样的借口来回避未知的领域，你都没尝试过怎么会知道自己不擅长呢？你在回避未知的领域时很可能就亲手关闭了未来的一种可能性。

小敏有点虚胖，体质也不怎么好，一到冬天三天两头地感冒流鼻涕，医生建议她天暖和了多跑跑步锻炼身体，可她却总说："我不喜欢跑步，稍跑一会儿就会出很多汗，还会上气不接下气的，很难受。"

后来搬来一个室友，这个室友喜欢夜跑，每天晚上都会出去跑半个多小时，有一次她怂恿小敏："一起去跑跑吧，挺舒服的。"小敏在盛情难却下就跟着去了，果然没跑多久她就开始大汗淋漓，气喘吁吁，但在室友的指点下小敏坚持了下来。跑完之后，小敏的衣服已经湿透了，但她却感受到了一种前所未有的酣畅淋漓。后来在室友的带领下，小敏也成了一名夜跑爱好者。

对于未知的领域我们会有抵触情绪，这是因为恐惧，恐惧的本质就是未知。因为未知，所以担心在那个领域里我们会以什么样的面目出现，它很可能打破我们现在苦心经营的形象，让自己彻头彻尾地暴露自己本性中最丑陋的一面。就像不会游泳的成年人，大多不愿意去学游泳，因为他们害怕在游泳池里出丑。

其实，任何人从已知的区域走进一个未知的区域时，都难免会有一些不适应。这里的不适应很可能就表现为出丑、闹笑话、犯错，等等，这都是正常现象。

但如果仅仅因为害怕闹笑话和犯错误就拒绝未知的领域，一直在自己熟知的领域里怡然自得地生活，生命就会因此而单调乏味，还会因为不肯向未知迈出一步而让人生失去很多可能。更何况，都没有尝试过你怎么就知道你一定会出丑、会犯错。要知道，在未知的领域里，你能学到很多，也能发现很多。

对未知的领域进行尝试、探索，首先是对自己已知领域的一种拓展和延伸。这是一个不断丰富自我、完善自我的过程。这个道理其实很简单，任何一件事情，进步最大的时候都是开始的时候，这是一个从无到有的过程。

认知也是一样，当你尝试某一未知领域时，关于这一领域的一切内容，你从一无所知或只知道一点儿皮毛，到有了自己切身的体会、清晰的认识，这本身就是一种进步。如果你了解到的这点儿东西恰巧能在生活和工作中对你起到一定的帮助，那么你的进步就变得显而易见了。

尝试未知的领域也是对自身潜质的一种挖掘。你究竟有多少潜在的能力，你在某件事情上的潜能究竟有多大，没人知道，也不可能通过任何仪器检测出来，只有通过尝试才能发掘。

对未知领域的探索是人的天性之一。现在人类文明的一切成就几乎全都建立在对未知领域的探索上，而人类文明的前进方向也是未知

的领域。无论是对宏观宇宙的探索还是对微观粒子的研究,人们总是对未知充满好奇,也正是一个个从未知变为已知的事物在改变着我们的生活。

每个人都有可能会涉及知识领域和实践领域,不论哪种领域,给自己设定一个目标,才能让你的人生在一个个挑战中前进。

以下几个方法可以把你带入不同的领域。

泛读

不同的知识领域都有通俗入门的读物,通俗入门不代表浅显粗糙。在一些学科的入门书目中不乏大师的开宗立派之作,如果你想让自己的认知涉及不同的领域,这一类读物是不错的选择。现在网络上经常会流传出各种各样的书单,你可以根据自己的喜好,从中选择感兴趣的书目进行泛读,如发现真正感兴趣的就可以由浅入深,逐步精研。

公开课

现在网络上有各大学的公开课视频,它面向大众,很适合没有任何功底的人。当然,如果你居住的城市有高等学校的话,那么你可以时刻关注学校内的旁听课程,选择你感兴趣的课程去旁听。

找一位导师

无论你是想探索未知的知识还是想要尝试未曾尝试过的事情,找到一个导师,能让你少走许多弯路,也能让你尽快入门。所谓的导师并不用很专业,只要比你懂得多就可以做你的导师,这样的导师更像是向导,把你领进一个全新的领域。

不走出去你永远不知道外面的世界有多精彩，不去尝试你也就无法知道自己有多强大。多尝试一些未知的领域，让自己的人生在挑战中不断前进。

5. 永远不要拿年龄作为你将就的借口

30多岁的你是否也在拿年龄大当借口,去回避安于现状、甘于将就的事实?有人说:"不要把年龄当借口,青春的载体不是年龄而是心。"年龄从来都不是你放弃的理由,要知道,30多岁的你和那些20出头的小青年并没有实际的差别。

已经工作五年的郑东事业走到了瓶颈期,他突然发现,自己的事业要想有所突破必须提升学历。但他离开学校已经五年了,现在他的事业也算小有成就,而且在去年他刚结了婚,如今妻子已经有了身孕。

面对接下来的人生,他不知道应该选择哪条路。其实,他很想再回到学校读研究生,但读研就要放弃当前的工作,这也就意味着他们夫妻二人就会因此而失去经济来源。又考虑到现今的他已经是快要"奔三"的人了,哪还有静下心来学习的精力。

妻子知道他的想法后与他进行了一次深入的谈话,妻子说:"你要知道,现在的你是你的余生中最年轻的时候,现在不去实现梦想,以后就更加没有圆梦的机会了。"郑东被妻子的一番话点醒了,他毅然决然地回到了校园里,利用三年的时间完成了研究生的学业。毕业之后因为之前不俗的工作成绩和更高的学历，他获得了一份收入颇丰的工作。

正如郑东的妻子所说，现在的你是你的余生中最年轻的时候。如果你是因为年龄而放弃了对未来的追求，那就意味着从此以后你与未来无缘了。

在生活中，我们总能听到这样的话："哎，还是算了吧，都这么大了还不消停。"年龄大成了很多人放弃追求的理由。男人会因为年龄大而放弃对事业的追求，去选择一份自己不喜欢，却足够稳定的工作；女人会因为年龄大而选择一个不喜欢，但条件优秀的男人作为自己的终身伴侣。这时，我们不禁想问："年龄大究竟代表着什么？"

年龄的增长带给我们最直观的影响就是体力和精力的衰退。我们总认为人到了30岁之后，体力和精力就会明显衰退，很难再负担起巨大的工作量，做事情的时候也很难再做到专注，学习的能力也会随之而直线下降。

相关统计表明，一个人体力、智力、理解力的巅峰值的确在20～30岁，但人的记忆力的巅峰值却在33～36岁，并且在40岁之前，以上这些能力即便是过了巅峰值，也不会有明显的下降趋势。也就是说，20多岁的你和30多岁的你在体力和精力上并不会有明显的差别。

这里要强调的是记忆力的巅峰值到33岁左右才会来到。这个年龄段的人大多已经过了依靠堆积工作量来提高收入的阶段，而步入了依靠智力来获得更高收入的领域。这个记忆能力巅峰期的到来不仅不会拖你的后腿，反而会起到帮助你的作用。更重要的是无论是体力、智力、理解力还是记忆力，都可以通过后天的锻炼来延长它的巅峰期。

在普遍的认知里,年龄大的人还承担着过大的生活压力。这里的"生活压力"大概可以分为经济负担和劳务负担。我们总认为人在结了婚之后要承担过多的经济负担,但事实却并非如此。年轻人在结婚之前大多过着入不敷出的日子,而结婚之后,因为有了另一个人为你提供额外的收入来源,你的生活会大有改观。

生活上的事务也是同样的道理,原本需要你一个人操持的家务,从此以后会有一个人会帮助你分担一部分。

再来说心态方面。我们都知道,一个人在心静下来时,学习才会更加高效,但20出头还没有成家立业的人很难做到这一点。但30多岁的人则不然,他们已经有了自己的家庭和事业,相对于20出头的年轻人而言,他们的心会更加笃定,也更有利于去奋斗、去学习。

以下的方法能帮助你抛开年龄的局限,重新开启人生的奋斗旅程。

尝试一些极限运动

30多岁的人和20多岁的人相比,不是失去了活力,而是他们在无意间把年轻人的特征都隐藏了起来。参加一些极限运动,运动中伴随的惊险和刺激能瞬间让人兴奋起来,在惊险与刺激之下,所有成熟的伪装都会褪去,这时你会发现30多岁的你可能比那些20出头的年轻人更有活力。

最典型的极限运动有滑板、小轮车、攀岩、蹦极。但这些运动有一个典型的特点——危险性高,所以,在进行这些运动时,一定要做好防范措施。

保持背诵的习惯

随着工作年限的增长,你会发现,记忆力对于任何工作来说都很关键,但记忆力在不使用的情况下会呈现衰退的趋势,保持背诵的习惯可以确保你的记忆力不至于衰退,久而久之还有可能略有提升。

至于背诵的内容,除了具有应用性的东西之外,还可以尝试性地背一背唐诗和宋词。这些古人留下的文化瑰宝带给你最直接的好处就是会让你变得谈吐不凡。就像网络上流传着的那个段子:看到群鸟飞天,你会说:"落霞与孤鹜齐飞,秋水共长天一色。"而不是:"哇,好多鸟。"

要记住,现在是你余生中最年轻的时候,现在不努力以后还有机会努力吗?

6．给自己设定有挑战性的目标

很多时候，当原定的标准过高而无法达到时，我们都会选择"退而求其次"。在为了达到目标而付出了足够努力的前提下，原定的目标越高，你最终达到的水准也就越高。因此，目标的高低有时候决定着你自身的高度。

一直以来王超都是班上的尖子生，他在数学上表现出的天赋有的时候甚至会让老师都为之惊讶。上了高三后每次考试都会有一个全市的排名，而王超每次都是全市的前几名，老师和同学们都认为他有上清华大学的实力，他自己也暗自把清华大学当成了目标。

当目标逐渐坚定以后，王超也在为之而努力，他坚持每天晚上回到家后再多复习一个小时。平时也着重把之前的知识点一一进行梳理，力求没有任何知识上的短板，他知道只有这样才有可能冲击清华大学。

转眼高考来了，高考成绩出来后紧接着全省的排名也出来了，遗憾的是王超与清华大学失之交臂，但他以优异的成绩被同样优秀的中国人民大学录取了。对王超而言虽然有些遗憾，但他也知足了。

在大多数人的认知里，当我们在面临选择时一定会选择所有选项中最好的那一个，但这个所谓的"最好的"也要有一个标准。主观上认为的"最好的"和客观上的"最好的"往往并不是同一个选项。这就涉及在面临选择时，我们通常采取的两种不同的选择原则，一种是"最优原则"，另一种是"满意原则"。大多数人所选择的"最好的"往往依据的是"满意原则"而不是"最优原则"。

因此，在"满意原则"主导之下，我们会在所有选项中挑选出最符合自己标准的选项，至于它在客观上是否足够优秀，这要看我们的标准是否够高。这个标准也就是我们常说的格局，一个人的标准越高，说明他自身的格局就越大，在选择时他选择的对象在客观上也更加优秀。一个人的格局体现的是这个人思想的深度和广度。

思想的深度也就是我们常说的"透过现象看本质"的能力，同一件事情，不同的人看能解读出不同的内容。拥有"透过现象看本质"能力的人能通过一件平常的事情，解读出一些更加深刻、更加理性的内容。这一类人不仅在以社会观察者的身份关注着这个世界上发生的一切，还以渊博的知识和冷静的头脑进行深入的思考。

思想的广度用通俗的语言来说就是眼界。一个眼界狭窄的人可能会因为自己取得的一个小小的成就而沾沾自喜、目中无人，却不知道他的那点儿成就在很多优秀的同龄人看来根本就是微不足道的。这与一个人的阅历有关，眼界开阔的人大都阅历丰富，他们经历过最坏的，也见过最好的。同时，眼界的大小也与一个人所处的社会阶层有关，站得越高也就看得越远。

当你的思想够深也够广的时候就拥有了相对大的格局，就可以把自己带进一个更大的世界、更加精彩的舞台。

以下方法能帮助你设定更高的标准，打开更大的格局。

关注前沿科技

如今推动社会前进的仍然是技术，无论是人工智能技术、虚拟现实技术还是云计算技术，它们都在我们看不见的地方改变着我们的生活。同时，它们也在某种程度上代表着未来。关注前沿科技可以打开你的眼界，知道这个世界正在发生怎样的改变。

阅读通史类书籍

在大多数人的认知里，历史仅仅是一种消遣，它不会给我们带来实质性的收益。的确，历史不会给我们带来实质性的财富，但读历史却是提升一个人思想深度最好的方法。特别是通史类的书籍，它往往能揭示时代发展的规律，正如司马迁所说："通古今之变。"

关于通史类的书籍，有几部值得推荐的：钱穆先生的《国史大纲》，吕思勉先生的《吕著中国通史》，黄仁宇先生的《中国大历史》以及颇负盛名的《全球通史》。

阅读纸媒刊登的深度报道

深度报道大多是记者针对某一具体新闻事件而进行深入的调查、了解甚至是暗访之后得出的报道类文章。可以说大多数情况下，它是在探寻某一社会病象的病根所在。这样的作品能加深你对这个社会的理解。

鉴于如今纸质媒体（报纸和杂志）正在日渐式微的大环境，一些实力强大的报纸正在往深度和精度方面努力，力求留住一部分精英客户，因此，目前最高质量的新闻不在网络和电视上而是在报纸上。

有的时候限制你发展的恰巧是你的目标，打开自己的格局才能看到新的天地。

7.拓展朋友圈,不只在熟悉的圈子里混

　　细数身边的人,你会发现他们要么是中学、大学时期的老同学,要么是多年的老同事,有的甚至是从小玩到大的发小儿。你每天似乎都在和相同的人重复着同样的对话,就像电影《楚门的世界》里的楚门一样,你的世界也因此而设下了一道无形的藩篱。

　　瑶瑶是一个不善于交际的女孩,一直以来,与她同行的只有一个女孩。她们俩从中学时就是好闺蜜,后来又考进了同一所大学。在大学里,瑶瑶也保持一贯的作风,从来没有打算拓展一下自己的交际圈,每天和多年的闺蜜形影不离。

　　大学毕业时,两人说好了一起到大城市谋生,还要一起租房子一起上下班。但工作后没多久闺蜜就交了男朋友,这样她陪瑶瑶的时间就越来越少了,再后来,闺蜜搬走和男友一起住,瑶瑶从此便失去了所有社交。

　　一次公司组织活动,瑶瑶认识了一个新朋友,两人很投缘,而这位新朋友是社交方面的高手。她把瑶瑶带进了一个又一个精彩的世界,此时的瑶瑶才知道,原来别人都过得这么有意思。渐渐地,瑶瑶认识的人也多了起来,她的生活终于不再孤单。再后来,瑶瑶身边陆

陆陆续续地出现了一些追求者,而现在的她已经交到了一位很不错的男朋友。

刚刚参加工作的那几年,正是我们交际圈急剧拓展的时期,但现在的年轻人好像并没有经历这些,他们的交际圈大多只停留在同学和同事的范围之内。而在这其中,同学很可能是毕业之后一起出来找工作的大学同学,同事也仅是目前这份工作的一些同事,至于之前几份工作的那些同事,都已经变成了路人。

停留在多年不变的交际圈里,慢慢地你会发现,当你们彼此之间相处得越来越融洽的时候,你们的想法越来越接近,看问题的方式甚至是处理事情的方法也在趋于雷同。

当我们独立地生活在不同的环境中时,就会形成不同的认知方式。但当彼此走到同一个环境中后,不同的认知方式会让彼此产生一些矛盾。而走到一起的双方为了让这种关系维持下去大多会有意识或无意识地对自己进行一些调整,以此来化解因不同的认知而导致的矛盾。

当两个人一起生活的时间久了,彼此之间磨合出了一种相对和谐的认知方式。这个认知方式和彼此以往的认知方式不同,它是在两种不同的认知方式互相交融、互相改变的过程之中诞生的一种全新的认知方式。这样的认知方式是两个人和谐相处的保障,但当你长期不拓展你的交际圈时,这种认知方式因为长期得不到更新就会限制你的成长。

新的认知方式的加入,给你带来的改变是全方位的。它不仅能给你一个全新的看问题的角度,让你不再狭隘偏执,还会给你打开一扇窗,让你看到另一片天地。就生活方式而言,新的认知方式也能改变你以往的生活方式,比如一个南方的人结识了一个北方人后,双方难免会受到对方生活方式的影响。这些都是一个人逐渐变得优秀所必要的因素。

以下方法能帮助你拓展交际圈，为自己的生活，更为自己的精神带来全新的空气。

认识朋友的朋友

交际圈是可以一点儿一点儿地往外蔓延的，从你身边的朋友开始，认识朋友的朋友是一种相对容易又靠谱的拓展朋友圈的方式。在这个过程中，你的朋友很好地充当了你拓展交际圈的缓冲带，这样可以减少人与人初次相识时的尴尬。同时，朋友的描述也有助于你尽快地了解对方。

结识圈子里的"领头羊"

每一个圈子里都有一个"领头羊"存在，他们的话往往在这个圈子里最有影响力，也就是我们常说的意见领袖。你结识了他们就相当于半只脚迈进了这个圈子，他们会习惯性地把你介绍给这个圈子里的所有人。

加群

现在的人对微信群的依赖程度越来越高，很多线下的活动需要靠线上的微信群来公布。同样地，你也可以通过加入一些微信群来进入一个新的圈子。刚加入一个新的微信群，你一定要表现得活跃一些，这就是网友们常说的"混眼熟"。渐渐地，你会认识几个聊得来的网友，你们可能从群聊发展成私聊，再由私聊的网友关系转化成现实中的朋友关系。

你有多久没交新朋友了？多久以来你都是在以同样的眼光看世界，用同样的方式生活？想想都觉得可怕。趁着年轻，去拓展自己的交际圈，让你的人生不再受限。

8．打破思维惯性，跳出舒适区

大多数的汽车追尾不是因为没有刹车而是因为刹车不够及时，行驶中的汽车带有的运动惯性没有很好地被控制住，进而酿成了事故。现在，一种被称为"思维惯性"的现象也因为没有得到很好的控制，正在侵害着我们。

在惯性思维的作用下，我们总会出现以下认知偏差：

内陆省份的人会认为沿海居住的人都会游泳。

北方人总认为南方的冬天会很暖和。

买东西时，我们会认为贵的就一定比便宜的好。

看到身材胖的人，我们总认为他们一定很能吃。

一个漂亮女孩开着豪车呼啸而过，我们会认为她的财富来路不正。

看到一个相貌平庸的男士拉着一位气质出众的女士逛街，我们总会认为这位男士一定是个有钱人。

我们都知道物理学上有一个惯性的概念，它指的是物体保持静止状态或匀速直线运动状态的性质。通俗来说就是，物体都有延续原有状态的特点。后来这个概念又延伸出一个新的名词——思维惯性。借

着对惯性概念的理解，我们不难推断出，所谓的思维惯性指的就是人的思维保持原有的状态，继续延续下去的特性。

在日常的行为中，人的大脑会不断地进行学习和总结，当总结的经验在下一次的行为中得到很好的印证时大脑就会受到鼓励。久而久之，鼓励越来越多，之前的总结也就越来越牢固，原先的总结就会转变为一种思维模式，这样的思维模式因为已经得到了无数次的印证，所以它会不知不觉地被带入以后的行为之中，思维惯性就产生了。

思维惯性产生之后会更加广泛地在我们的生活中蔓延开来。在遇到事情的时候，固有的思维惯性会给我们提供一个预先的判定，这样的判定虽然经过了严密的分析，但因为没有经过任何实践性的验证，它很容易沦为"妄下判断"。

思维惯性除了会让人"妄下判断"之外，还会导致思维阻断，意识游离，习惯性地走神，产生做白日梦的状况。在思维惯性的催动下，你的意识和想象会不由自主地根据眼前的一个细微现象而无限扩散。最典型的例子就是"你看她年纪轻轻就开着豪车，就会认为她要么是富二代，要么这车就是来路不正"。

我们还发现，那些总是跳不出思维惯性的人大多是认知能力有限、知识面较窄的人，而思维惯性的存在又恰恰阻碍了他们对新事物、新知识的认可。由此，他们陷入的是一个恶性的循环——越是认知有限、知识面窄，思维惯性就越大，更大的思维惯性又阻碍了他们接收新知识、新事物，这又将加大他们的思维惯性。如此循环下去，可以彻底地束缚住一个人的发展。

思维惯性并非根深蒂固的，总体而言，人的思维惯性会随着知识量的积累而逐渐降低，也会随着阅历的增加而逐渐降低。因此博览群书和见多识广是克服思维惯性的两种非常有效的方法。但这能治标，却不能治本，因为总有一些东西是你见所未见、闻所未闻的，因此，克服思维惯性要从一个人的认知习惯入手。思维惯性产生的根源就在于认知习惯不够严谨、不够深入。

思维惯性带给我们的是狭隘的目光、错误的判断、分散的注意力等不良的影响，以下方法能帮助你从认知的严谨和深入着手，逐一克服思维惯性的发生。

听不同的意见

古人说："兼听则明，偏信则暗。"当你的思维惯性在不知不觉中产生时，也无须刻意地去回避或者抵制它，你的回避和抵制只能导致另一种极端看法的形成。你可以先保留自己的态度，多听一听他人的看法。

这样做，一方面可以使情绪激动的你平静下来，让自己变得更加理智也更加理性；另一方面，他人的意见能中和你相对片面的看法。

反复审视问题

对问题的了解不够深入很容易促使思维惯性的发生，因为你对问题的了解仅停留在表层，就会轻易地拿眼前的这个问题与之前你所经历过的事情相比较，在这个比较的过程中更多的是印证，在印证中你又会主观地对问题进行一些不合理的解读，以此来让问题与自己的经历更加吻合。

这样做的结果不是过度悲观就是过度乐观。而反复审视问题能让你更加深入地了解问题，避免看问题过于浅显，进而杜绝思维惯性的渗透。

需要要注意的是，别让思维惯性使你变成一个狭隘浅薄的人。

第五章 快速走出对未来的迷茫

进阶力 从被动努力到主动进取

1．你努力了那么多年，为什么还在原地踏步

你在职场中摸爬滚打也有些年月了，自己也付出了足够的努力，各种能力也都有了明显的进步，但业绩却始终没有明显的提升，薪资也是多年未涨，更别说升职了。出现这样的现象，很大程度是因你的努力还不够精准，也就是说你在努力的时候没有一个明确的目标。

徐悦大学毕业后在一家传媒公司做新媒体相关的工作。刚开始，她认为做新媒体最重要的是内容，所以，她主攻的方向是软文写作，她的目标是成为一名"10万+"的微信小编。为了实现这个目标，她关注了很多内容优秀的公众号，平时只要有时间就会读一读公众号里的文章，偶尔也会尝试写一些东西，但她写的文章的阅读量并没有她预想的那么高。

后来她发现文章不如视频有吸引力，就又投入到短视频的制作中。但无论是视频的前期拍摄还是后期的剪辑，她都一无所知，好在她愿意从头学起，也足够努力。徐悦买来许多相关的书，还买了一台二手的单反相机，没事就摆弄一下。

短视频上迟迟见不到回报，她又看到做营销推广的赚得盆满钵满，她眼红了，就放弃了短视频而做起了推广和营销，做了一段时间后她发现自己并"不适合"做这样的工作……

初入职场,频繁换工作、换岗位是很平常的事,毕竟找工作就像找对象一样,要双方合适才可以。也正是怀着这样的心思,不少年轻人把职业生涯的前几年全都耗在了找适合自己的工作上了。

当你把大量的时间都用在换工作、换岗位上时,你会发现,工作越换越不顺心,岗位调来调去总是不够满意。在不停的变动中,你除了浪费时间以外,还丢掉了目标。

无论是从一个公司到另一个公司还是在同一个公司的不同岗位之间来回调换,这中间都有一个适应期。刚到一个新的公司,你需要适应的东西很多,包括环境、公司文化、管理方式、内部制度,等等;在公司内部岗位上的调换也需要适应新的领导、同事,新的工作内容,等等。适应期的长短因人而异,但当你还在适应期磨合时,你之前的同事已经进入了工作的下一个阶段,几次三番下来,你被甩开的差距就不是一点儿半点儿了。

就在你天真地认为通过换工作和调岗位能找到真正适合自己的工作时,你越来越不知道自己的目标究竟是什么。职业上的目标并不只是简简单单的我想要什么,正如你所言,找工作需要双方满意,其实在你说这句话的时候,你在乎的往往只是自己的满意与否。而当你没有坚持和努力过就轻易地把"不合适"说出口的时候,你错过的很可能就是最适合你的。

不深入地去了解一份工作,不认真地去完成一个任务,单凭在一段时间内的感觉和体验,是无法判断一份工作究竟适不适合你的。你做出判断的依据是眼前的工作和理想的状态的吻合程度,当现实与理想的差距过大时,你就会否定眼前的工作。这只是没有多少工作经验的你过于天真的认知而已。

一份工作究竟是否适合你,看的是长期坚持之后你与工作之间的契合程度，这其中包括了你对公司体制、制度的适应程度，你与同事、领导的和谐程度以及你对公司文化的认可程度，这些都需要时间来验证。

其实，没有哪个人愿意花费大量的时间不断换工作，换工作的根本原因还是不满意眼前的工作。不满意的范围很广，有的人是对薪资不满意，有的人是对工作内容不满意，也有的人是对同事和领导不满意。但你不满意并不代表问题都出在对方的身上，很可能是你自己没处理好这些关系。

下面的两个方法可以帮助你找到自己真正想要的。

适当地尝试一些具有挑战性的工作

仅仅做一些表层性的简单工作，你永远无法真正了解一份工作，你需要尝试着去做一些更深层次的工作。这样的工作对你来说也许具有一定的挑战性，但这是你深入了解一份工作最直接的方法。

最初的尝试也许并不顺心，这时不能轻易地下结论"这份工作不适合我"，当你多尝试几次，在适应了这样的挑战性时，你才算得上真正了解了这份工作，这时候你就可以做出判断了。

从新同事入手逐渐处理好和同事之间的关系

在一个新的公司里，你会有这样的感觉，你和老同事之间总像是隔着一层纱，交流中你总是猜不透他们想要表达什么？或者在无意间你还会得罪某位前辈。这是因为公司中的一些"潜规则"你还不够熟悉。你可以先结交一些刚入职不久的新同事，渐渐地，融入到公司这个群体中。

在没有足够的经历和体验时，是不能够轻易地去否定一份工作的，人的兴趣和喜好要用时间去发掘也要用时间来检验。

进阶力
——从被动努力到主动进取

2．你的努力是一场仪式吗

现在的年轻人最喜欢以"努力"自诩，还喜欢被他人夸赞"这是个努力的年轻人"。努力的潜在含义是"进步"，在这个不进步就会被淘汰的时代，人人都在努力，但并非人人都在进步，这是因为大多数人的努力只停留在仪式上。

小周在工作了两年后报考了国内某知名高校的在职研究生，在这个班里，小周是最努力的那一个。

当时，小周想方设法从之前考试通过的人手里高价买来他们的笔记和资料，接着又把市面上能买到的学习资料几乎全都买了回来，然后把这些资料一页一页全都扫描成 PDF 文档，再导入到 iPad 中，而这个 iPad 就是为了看这些资料特意买的。除此之外，小周还在网络上收集了各种各样的视频课程，他还因此而成了班上资料最全的人。

当然，在实际行动方面小周也丝毫没有落下，每天上下班，无论是在公交车上，还是在地铁上，他都会拿出资料来复习。但就是这样一个努力的人，第一次的考试成绩却不尽如人意，他有一半的科目都没通过……

看到公司里新来的员工一个比一个优秀，而老员工也在拼命地提升自己的能力，你真真切切地感受到了那句"社会竞争日益激烈"并不是一句空话。激烈的竞争让你感到恐慌，对失业的担心变得越来越浓重，这时你可能会留意一些招聘信息，但你发现，不知从什么时候开始，招聘的要求越来越高，高到你认为自己一旦失业便再也找不到满意的工作。

在你的心灵经历了这样的煎熬后，你决心努力提升自己的竞争力，让自己变得更加优秀。你为自己的努力制定了周密可行的计划，你也在严格地按照计划一步步地实施着。

这时候，你不会再感到恐慌，心里因为"努力"而变得踏实了，你的行动被同事好友看在眼里，他们的夸赞也让你确认了自己"努力者"的身份。也正是你内心的踏实感和他人夸奖你时产生的荣誉感让你的努力逐渐变成了一种流于表层的"仪式"。

但身在其中的你没有意识到自己的"努力"并没有实质的收获，你依然按着周密的计划忙碌地实施着，你深信只要把这一套努力的计划持续性地实施下去，终究会达到预期的效果。

乔布斯曾说过："当公司变得越来越大的时候，他们会想着复制最初的成功，大多数人会不知不觉地认为流程可以取得成功。所以他们开始把公司流程制度化，用不了多久，人们会困惑地认为走流程就是工作本身，最终导致公司的下滑。"

流于表层仪式的你也把完成那一套周密的计划当成了努力本身。当你把计划本身当作了努力目标的时候，你关注的是计划的完成度，而不是完成计划后的实质性收获。前者不过是一种掩人耳目和自欺欺人的行为，而后者才是一个人进步所凭借的实质性的内容。

停滞不前的能力和分文不涨的工资像一个响亮的巴掌打在了你

的脸上,让你不仅感受到火辣辣的疼痛,还让你羞愧万分,你终于看清了,自己的努力只是一场流于表层的仪式,并没有任何实质性的收获。这样的努力像一碗毒鸡汤,暂时性地麻痹了自己的神经,也让麻痹中的自己错失了提升自己的最佳时机。

踏踏实实地努力也要讲求一定的方法。

把你的努力"藏"起来

你风风火火地为某个目标努力时,势必会对同在追逐这个目标的人构成威胁。这些人可能会吹捧你,也可能会贬低你,吹捧的目的是让你洋洋自得,贬低你的目的是让你备受打击,但最终的目的都是为了让你失败。

你的努力需要收敛一点儿,不要再把读书、培训、加班的照片发到朋友圈里,也不要把自己的计划和行动说给他人听,更不能秀成果、晒业绩。你的一切努力都要默默进行,努力的成果也要默默地去享受。

给自己一个小考试

有没有发现,学生时代每一次考试你都会有"要露馅"的感觉?考试是检验学习成果最好的办法,考试能让你感受到压力,这样的压力会敦促你更加踏实地去努力。

每当完成一定任务时给自己制订一个小考试,比如,读完几页书后让自己去回忆一下读过的大概内容。这样你就会为自己答不出这样的考题而内疚,从而下一次读书的时候你就会更加地用心。

目标实质化

很多时候我们把完成计划本身当作了努力,是因为计划本身出了问题,比如,每天读多少页书、写多少字、加多长时间的班,这样的计划很容易让人流于形式。你不妨把每天读几页书换成每天写多少字的读书笔记,把每天写多少字换成每篇文章发出去后收获的阅读量,把加班的时长换成精确的工资。目标实质化之后,你便再也无法欺骗自己了。

仪式化了的努力比不努力更加可怕!别再让仪式化了的努力麻痹了你、欺骗了你,最终耽误了你。

3．如何发现自己的优势

每个人都曾有过这样的时刻：在做某件事情时，你会感到莫名其妙地顺手，虽然投入的时间和精力比他人少，但做出来的效果要远远好于他人。这就是人们通常所说的天赋。在竞争中天赋会成为我们的优势所在，所以发现自己的天赋能让人少走弯路。

赵诚毕业于一所普通高校，他主修计算机专业。大学毕业后的第一份工作是在一家民营企业做科研。因为工作业绩不好，他活得很潦倒。住在挤了6个人的单身宿舍，工资仅仅能勉强满足温饱，但没过多久他连这样的生活都没了，因为总是完不成任务，他被辞退了。

后来，他做起了销售，谁能想到，在销售这一行里他竟然有如神助。刚到公司半年，他的业绩就超过了一些老同事，一年后超过了他的直接领导，两年后又超过了销售总监，三年后他成功晋升为营销总监。

现在，他已经是某大型公司的总经理了，在北京买房定居了，还结了婚，前段时间刚刚换了一辆宝马车。

平日里我们经常挂在嘴边的天赋其实并没有明确的定义，大概可以把它说成是你出生时老天爷赏给你的。在你出生时，你的天赋就是你的优势。当你渐渐长大，懂得了努力，后天的努力的确可以在一定程度上弥补天赋造成的差距，但这是建立在没有天赋的你付出的远远超过了有天赋的人的基础上的，没有这个前提，天赋就等同于优势。

人的天赋大概可以分为三类：认知方面的天赋、社交方面的天赋、操作方面的天赋。

认知方面的天赋主要表现为一个人在学习、研究、理解、概括和分析时所具备的特殊能力，包括了异于常人的学习力、记忆力、理解力等；社交方面的天赋主要在社交中体现，例如一个人拥有特殊的沟通能力、组织能力、适应能力等；而操作方面的天赋指的是超乎常人的操纵、制作和运动的能力。

不同的职业具有不同的能力要求，了解自己的天赋所在，根据天赋来选择自己的职业能让你更容易脱颖而出，也能让你达到他人无法企及的高度，更能让你到达自己人生的巅峰。

以下小窍门能帮助你尽快发现自己的天赋所在。

不假思索的反应

在没有经过相关教育或训练就能表现出超乎常人的能力，这就是你的天赋所在。例如经典的抗战剧《亮剑》中的主人公李云龙，他从没受过地理和军事方面的相关培训，但他第一次面对地图时，便能准确地把图中的地点和现实中的地点对应起来，这就是一种天赋。

当我们找不到自己的天赋所在时，就问问自己："什么东西我不学就会？"如果你能不假思索地给出答案，那就是你的天赋所在。

学得快

在过去的经历中，你会发现，在一些方面比他人要学得快，这也

是你的天赋。你需要做的就是把你认为自己学得快的方面全都列举出来，找出其中之最，这往往才是你真正的天赋。一个人可能在很多方面都学得比他人快，但你明显要快于常人的才算得上是天赋。

成就事件法

这种方法要分四步去完成：

第一步：写下你最得意的三件事。比如，我的成就之一是"只用了不到5个月的时间就跨专业考研成功，还在将近300名考生中获得了第三名的好成绩"。

第二步：问自己为什么能做成这件事，这又反映出你什么样的优势。比如，我超强的记忆力和学习能力让我在笔试环节挤进了前十名。在面试中，我又凭借涉猎广泛和强于常人的表达能力成功地说服了导师，让我的总成绩排到了前三。

第三步：问自己，为什么会具备这样的优势。要连续追问，多问几个"为什么"，从而发现自己更多的优势，以及优势背后的原因。"为什么我的记忆力很强？"因为我天生如此，这是我的天赋；"为什么我学习能力很强？"因为我的文字阅读能力很强，这是我的优势；"为什么我的阅读能力很强？"因为我从小就养成了阅读的习惯，这个习惯一直延续到现在，这也是我的优势；我文字表达能力也很突出，这也是我的优势……以此类推，在你不断追问自己的时候，你会发现自己拥有很多优势。

第四步：归类总结，当你用以上的方法把三件你最得意的事情分析完毕后，相信你已经在纸上写下了很多个优势和天赋。此时你需要把这些优势或天赋归类汇总。把彼此之间具有关联或相近的归为一类，所包含的优势和天赋最多的那一项就是你的天赋所在，也是你今后发展的方向所在。

　　当然，人还具有潜在的天赋。如果你在努力的过程中发现了自己的潜力，不要犹豫，及时地停下来，跟着天赋重新出发，会让你走得更远。

4. 划分能力四象限，了解你需要提升的能力

工作中我们总会感到自己能力不足，明明自己已经很努力了，可工作的效率和质量仍然没有明显的提升。上司训话时会说："拿出你的能力给我看。"我们心中一片茫然地自问："能力？我的能力究竟在哪？我该怎么提升自己？"

玲玲在公司里做了两年的销售助理，这两年里她非常努力，无论是平时接待顾客、整理合同，还是催收回款，她都能一丝不苟地去完成，偶尔加班她也从无怨言。

最开始，她这样的工作态度确实得到了领导的赏识，但两年后，当她向领导提出调整工作内容的相关事宜时，领导却迟迟没有给她答复。多次尝试过后，玲玲终于忍不住了，她跑到领导的办公室，再次提出请求，并请领导给出"明确的答复"。但领导只说了一句："好，那么请你告诉我，在合同的谈判与签订中你能做什么？你的能力又在哪儿？"

领导的提问让玲玲哑口无言，她陷入了深深的苦恼之中，她在心里问自己："我的能力在哪儿？我该怎样去提升自己的能力？"

在工作中感到自己的能力不足时，最直接的方法就是努力，用

努力来提升自己。但如果不清楚自己的能力所在，不知道该提升自己哪方面的能力，只是一味地闷着头往前冲，最终都得不到实质性的收获。

人的能力有许多种，在不同事情上所需要的能力也是不同的。比如，你的文笔很出众，但你的工作是工程师，出众的文笔并不会对你的工作起到任何帮助。所以，当你为自己的能力感到迷茫时，首先需要明白的是提升能力不能泛泛而谈，必须具体到某一事件上。在具体问题上具体分析自身的能力所在和不足之处，才能对症下药。

当然，即便是具体到了某一事件上，能力也有轻重之分。在这件事情上，有的能力至关重要，有的能力则相对次要一些；有的能力可以短期内提升，有的能力则需要长期的培养。

很多时候，我们之所以不能把自己的努力转化成能力就是因为这两个原因：一是没有把能力具体到某一事件上，二是没有分清能力的轻与重。因此，我们的努力往往都是盲目地去提升自己，而只有精准又有序地提升自己的能力才能实现效率的最大化。

时间管理理论上有一个非常重要的概念——四象限法则，它把一个人需要做的事情按照紧急、不紧急、重要、不重要的排列组合分成四个象限。从第一象限到第四象限，它们中间所包含的事件类型依次为：紧急且重要的、重要却不紧急的、紧急但不重要的、不紧急也不重要的。

四象限法则是指，把主要的精力和时间集中地放在处理那些重要但不紧急的工作上，这样可以做到未雨绸缪，防患于未然。当你不清楚自己究竟需要提升哪方面的能力时，同样可以采取四象限法则来明确你重点需要提升的能力。

依据四象限法则的原理，你需要先根据某件具体的事情把自己所有的能力分为四类：重要、不重要、具备、不具备。由此而形成了如下四个象限：

第一象限中所包含的是足够重要而且你也具备的能力。这样的能力是你在处理这件事情上的优势，你无须再过多地为其担忧。

第二象限中包含着的是重要但你并不具备的能力。这样的能力是在这件事情上你的短板所在，"木桶效应"告诉我们，要想在这件事情上有整体性的改观，这种能力就是你以后提升的重点。

第三象限中包含着的是你本身具备，但在这件事情上并不重要的能力。这个象限中的能力可以和第一象限中包含的能力相辅相成，成为你在这件事情上拥有的无可比拟的优势。

第四象限中包含的是你自身不具备，且在这件事情上也不需要的能力。这些能力即便你不具备，也没有必要花大量的时间和精力去提升。

划分出的四个象限帮你找到了自己的能力所在和不足之处。第一和第三象限共同构成了你的核心竞争力，这是你的能力所在、优势所在。第二象限既是你的不足之处，但也是你的潜力所在。这一象限的能力很重要但你并不具备，这就逼迫你去提升自己。当你有针对性地提升这方面的能力时，它就成了你前进的基础。

第四象限的能力因为在这件事情中几乎不会起到任何作用，所以大可把它抛到一边，不用再因它而分心。

划分能力的四象限时有一个方法很关键也很实用——听别人的评价。这主要是针对那些你认为自己已经具备的能力。这时你会发现，很多事情自己认为的跟大众的认知并不总是吻合的，尤其是对自身的评价，因为你在评价自己时最容易出现偏颇。所以，多听听别人的评价会有利于你划分出更加精确的能力四象限。

停止漫无方向的努力，那不过是徒劳一场，用四象限法则来划分自己的能力，能让你的努力更精准。

5．到底是要加强长板还是弥补短板

众所周知的"木桶原理"强调桶内能装多少水是由短板决定的，它提倡人的均衡发展，全面进步。但这样的理论只在工业时代适用，在如今这个信息时代，相比于什么都会却什么都不够专业，精通一项技能就显得更有竞争力。

在国内某行业的龙头企业组织的一次招聘中，在市场部的面试中，面试官只提了两个问题："你会什么？你能为公司做些什么？"有甲乙两位应聘者的陈述如下：

甲说："我是全能型人才，学过的东西很多，在大学里我认真学习过市场营销学、广告学、消费者行为学、品牌学等学科，除此之外，我还有着关于这几门学科的实际应用经验，每一块都能做。"

乙说："我最感兴趣也最擅长的是线上的整合营销。因为我之前在某国际知名化妆品公司的线上营销部门有过近半年的实习，帮助过其某个子品牌做过相关方面的工作，我也在某大型电商市场部有超过半年的实习，参与过比较多的线上整合营销。如果我加入贵公司，我觉得可以在贵公司线上营销的方向上迅速上手。"

毫无疑问，最后被录用的是应聘者乙。

应聘者甲的履历看似很漂亮，涉猎范围很广，什么都会，但这也意味着他并没有什么格外突出的技能或能力。要知道，在公司提供给某位员工的工作中，需要用到的知识和技能往往就那么几个方面，所以职场中的竞争大多是极具针对性的，是个人的局部素质之间的竞争，在这样的竞争中某方面格外突出的人显然要比各方面都很均衡却各方面都很平庸的人更具优势。

职场中能力的竞争往往不是比多，而是比精。企业之所以用这样的方式来选拔员工，与当下市场的竞争环境有关。

所以，如今企业的发展已经从短板原理，过渡到了长板原理——当你把桶倾斜，你会发现，长板决定了你的桶内最多能装多少水，而当你围绕这块长板展开布局时，你需要有系统而全面的思维，此时你会采用合作、购买等方式来补足你其他的短板。

韩愈说："术业有专攻。"其实长板原理就是这个道理。专业细分让任何人都无法做到全面的优秀，而交通和通信技术的发展又让企业之间的交流与合作所需要的成本变得越来越低，在这样的环境下，多个行业精英之间合作所产生的经济效益要远远超过某几个所谓的全才所能带来的收益。

在如今的职场中，与其把大量的精力都花费在克服自身的某些"顽疾"上，不如花同样的时间和精力，把自己的优势发挥出来，让自己成为"一专多能零缺陷"的人才。一专指的是让自己有一项格外杰出的专长；多能指的是尽可能让自己多储备一些能力；零缺陷指的是通过自身努力和对外合作，让自己的弱势变得及格即可。

要想实现自己的"一专多能零缺陷"需要注意以下几点。

用辩证的眼光去看问题

"一专多能零缺陷"并非在所有的竞争中都是牢不可破的真理，在某些时候，"全才"要比"一专多能零缺陷"更加具有优势，最典型的案例就是学生时代，你会发现能上重点高中、重点大学的往往都是"全才"。

不要被一时的出众欺骗

也许在你所有的能力中，有那么一项能力是最为突出的，但你千万不能轻易地认为这就是你以后努力的方向。有些能力也许眼下比较出众，但没有天赋的支撑最终会遇到一个难以突破的瓶颈，所以，你需要找到自己的天赋所在，把天赋变成你独一无二的优势。这个方法在培养"多能"时同样适用。

用宽广的胸襟去合作

合作是一件性价比极高的事情，通过合作你可以在最短的时间内花最小的代价把自己的不足弥补起来，让你的整个木桶不至于因短板的存在而漏水。但合作的时候需要有一颗宽容的心，允许他人比自己优秀，这个他人甚至是竞争对手。就像三星是苹果的竞争对手，但苹果的处理器一直都是由三星代工生产的。

在这个强调"创新精神"和"工匠精神"的时代，执着于"短板效应"妄图变成"全才"最终只能让一个人"全面平庸"。但加强你的长板，把它做到极致，就有可能成就一个出类拔萃的你。

6. 你了解你所在的行业吗

你是一家餐厅老板,所以你在餐饮行业;你是一名文案写手,所以你在广告传媒行业;你打理了一个淘宝店,所以你在网络零售行业;你在证券公司上班,所以你在金融行业;你是一名理发师,所以你在服务行业;你是一名保险销售人员,所以你在保险行业……

我们从事的职业都隶属于某一行业,行业的概念相对要宽泛很多。对自己所在行业有一个了解,就像站在一个县城的位置,去看全国乃至全世界的样子。

但很多人对自己行业的认识也仅仅停留在表面,并不比行业外的人了解得更多。现代营销学的奠基人之一西奥多·莱维特(Theodore Levitt)早在几十年前就提出了营销短视症这一概念,提到很多人对自己所从事的行业并不了解、认知太浅薄。

为什么要了解自己所在的行业?这是因为我们所从事的职业都会受行业发展的影响,比如你之前是一家书店的经营者,如果你只埋头于进货、卖货,从不关心行业的信息,后来,你发现由于网络书店的兴起,来你小店的顾客越来越少了。

我们所从事的职业如果是一叶小舟,那么行业就是小舟所在的一条河、一片湖或者一望无际的大海。了解所在行业，就是为了站在更高的视角去看自己所从事的职业。

如果你很迷茫，不知道自己的未来在哪里，了解所在行业的未来趋势，能很好地帮助你做出更利于自己的职业规划。

小刚大学毕业后在一家大型的国有物流企业做了一名劳务工，刚开始他觉得单位体面，薪资也不错，他对这份工作十分满意。但时间一久他就发现，在这样的单位里像他这样的人根本就不会有什么发展。

两年后，他的工作日渐繁重而工资却没有相应地得到提升，偶尔还要面对顾客无理的投诉，这一切都让他萌生了辞职的念头。但物流行业不仅是他大学主修的专业，也是他最喜欢的一个行业，只要在这个行业中工作他就会觉得很开心。

就这样，他又在单位里熬了几年，长期在行业中找不到自我存在感让他对这个行业失去了热情和信心。他开始怀疑自己是不是真的"入错了行"，于是他又产生了转行的念头，可又不知道该投身到哪一行去？

遇到职业瓶颈，长期得不到晋升，个人的价值在职业中得不到体现，这三者可以说是大部分人职业倦怠的原因所在。很多人在产生职业倦怠后想到的第一个解决方法就是换一个工作环境，这时候辞职的现象很容易发生。其实换一个工作环境并不意味着你需要变更你供职的公司，更没必要改变你所从事的行业，目前已经从事多年的行业很可能就是最适合你自己的，只是你对它还没有足够清晰且深入的认识与了解。

在对一个行业有了足够深入的了解之后，你首先能做到的就是判断出你对目前的工作究竟喜欢与否，是否愿意长期从事这份工作？

这就解决了你的去留问题。此外，辞职向来都是最逼不得已的一种选择。一旦辞职，你将丢弃若干年限的工作经验，以及好不容易才建立起来的人际关系。

职业专家建议，如果一个人想要获得长远的发展，他最好不要轻易地改行。任何一个行业都有一种内在的连续性，这种内在连续性必须用持续性的工作来维持，跳跃性、间断性地工作状态将直接导致这种内在连续性受到影响。

以下方法能帮助你更好地了解你所在的行业，给你的职业生涯带来更长远的发展。

互联网搜索

通过网络，你可以对某一行业有一个粗略的了解。当然，你也可以登录行业的权威网站，了解国内外的行业信息。互联网信息的更新速度比较快，所以，利用互联网来了解国家针对某一行业出台的相关政策是最好的选择。

行业报告

听行业报告需要你对某行业已经有了一定的了解，在这里需要注意的是，除非是权威机构发布的行业报告，其他的基本用处不大，但也可看看，了解一下大的趋势。至于报告中出现的各种图表、数据，你大可忽略不看，要有针对性地获取结论、预测等关键信息。

行业展会

结交一些行业内的朋友，参加业内朋友推荐的一些展会。当你参加过15～20场展会时就会认识一些行业内有实力的竞争对手、专家，展会越小，收获越大，这时候搭建的人际关系能带你进入某些小圈子，帮助你搞定一些关键人物。

竞争对手

锁定主要的竞争对手之后，对竞争对手进行系统化的分析，主要靠对手网站、产品实物、对手财报、专利、用户口碑、代理商评价、招投标信息、多维度信息分析等。这里最有效的"短平快"的方法是拿到产品实物，直观地体验一下。

之所以迷茫是因为"不确定"和"不了解"，相信当你真的了解了你所在的行业时，你将不会再感到迷茫。

7. 遭遇职业瓶颈，是进还是退

在工作了一定的年限后不少人都会感到力不从心，明明已经付出了很多努力，却仍然达不到预期的效果，以往的经验在这时候似乎也变得不那么好使了，这时候往往会萌生辞职的念头，但又因为各种原因难以下决心，挣扎在进退两难的境地。

十五年前，张洁从一个普普通通的业务员做起，到今天，她已经是一家连锁企业的副总，年薪几十万。但在副总这个职位上，张洁并没有身居要职的自豪与满足感，反而天天都处在焦虑之中。

张洁工作的不顺心是从五年前她被提升为区域经理开始的，在那之前她是某门店的店长，因为业绩突出，被提拔为区域经理。也就在这时候，她工作中常常会有手忙脚乱的情况出现，而在这之前是从来没有出现过的。

直到现在，她做副总已经三年了，在这三年里她的工作越做越糟。后来，老板与她进行了一次谈话，而在这次谈话中她提出了辞职。

职业瓶颈常发生在职场精英之中，在若干年的工作之后，他们凭借着出色的成绩逐渐从普通员工走向了管理层，这本是他们当初奋斗的目标，但离目标越来越近反而越来越焦虑。这个过程看似是一种过渡，其实是一种跨越。不一样的工作性质、不一样的办事方式以及更大的压力让许多人不进反退，走到了自己职业生涯的瓶颈期。

被困在职场瓶颈期的精英，大多数是因为没有在过渡期转变好自己的角色。管理层的工作性质和普通员工有着很大的差别，当你还是普通员工时，你需要做的就是用自己充沛的精力和超强的执行力去把领导分派给你的任务做得漂漂亮亮的。

但管理层需要做的是想方设法统筹好整个计划的实施，协调并沟通好上下级之间的关系，有的时候还需要和客户直接对接。

简单地说，这是一个从管事到管人的转变，处理不好这个转变的人会给自己贴上"做事能力强"的标签，并始终以此自居。但这样的定位并不适合于领导阶层复杂的人际关系，以这样的姿态去做事难免左右掣肘，事事不顺，不久他就会感到厌烦甚至是逃避。

也有一部分人的职业瓶颈是因为受制于成长环境和受到的教育，他们拒绝改变。这样的限制大多数人都无法突破，比如一位知识分子家庭出身的经理，他在职业生涯的前期也许会非常顺利，但当他进入职业生涯的下一个阶段时就会出现停滞的现象。为什么呢？这是因为父母带给他潜移默化的影响让他始终以知识分子的思维去做事，再往高处走，他手里的工作就超出了他的文化背景。更重要的是时代变了，之前从父母、老师那里获得的知识体系已经不再能起到指导作用了，而失去指导的人生就会陷入停滞。

还有另一部分人的职业瓶颈是因为对目标不够专注，难以抵抗各种各样的诱惑。导致不够专注的原因有很多，最可怕的是它们会同时出现来分散你的注意力。正当你被眼前的工作折磨得濒临崩溃时，突

然听说某人辞职之后自己创业获得了极大的成功,而当初选择留在公司的某位员工最终却因为犯了重大错误被辞退。种种因素围攻之下,你的内心难免会产生动摇。

在瓶颈期辞职意味着你需要在新的岗位上从新开始,而在新的岗位上你仍然会遭遇瓶颈期,因此,这是最坏的选择。

以下方法能帮助你避免辞职,突破瓶颈,助你在职业生涯中更上一层楼。

向"老油条"请教

职场上你遇到的问题并非个案,公司里总有比你资历更深的"老油条",他们也是从你这个阶段走过来的,他们的经验能让你少走很多弯路,你需要做的就是放低自己的姿态,虚心向前辈们请教。

适当地给下级一点儿"脸色"

与管事不同,管人需要一定的技巧,最常用到的技巧就是"恩威并施"。适当地让自己板起面孔,让下级感受到你的威慑力,这有助于你在下级的心目中树立起威信。而威信则有利于你发布的命令被下级迅速地去执行。当然,也要根据实际的情况对表现出色的员工进行一定的奖赏,奖赏能调动下级的工作积极性。

主动地去沟通

无论是对下级的同事还是上级的领导,保证一定次数和深度的沟通能让工作更好地进行。领导的意见和要求能很好地传达给员工,员工的诉求和反馈也能及时地得到领导的关注,出现的问题会被及时发现并解决。如此,工作能在一个相对透明的状态下进行,避免了很多因沟通不足而产生的麻烦。

　　无论在哪里工作，都会遇到瓶颈期，一味地用辞职来逃避，只会让你的人生止步不前，要知道瓶颈期其实就是个转折点，跳过去就能化身为龙。

打造高效时间管理系统

第六章

进阶力 从被动努力到主动进取

1．总是很忙，可能是方法不对

相信每个人都曾有过这样的经历——每天很早就到公司开始一天的工作，忙忙碌碌的一天结束后，别的同事都下班了，自己还在加班。这样的情况被领导撞见后更加糟糕，加班的行为会得到领导的表扬，但只有自己心里明白，自己之所以加班只是因为当天的工作没能按时完成。

同事小魏几乎每天都会加班，有的时候甚至还会加班到深夜十一二点，每隔几天他就会在朋友圈里晒出自己的"加班照"，这一行为得到了不少同事的恭维和领导的关心。在一片赞许声中小魏成了公司里公认的最上进的员工。

但时间一长大家就发现，总是加班的小魏做的事情并不比大家多，他的工作质量也并不高，有的时候，经小魏手的一些工作连勉强合格都达不到。

曾经，在日本大多数企业家眼里，那些总是忙忙碌碌、经常性地加班的员工才是好员工，如今却不一定了。

现在日本的一些公司正试图以缩短工作时长的方式来吸引人才，著名的办公设备及光学机器制造商理光甚至推出了晚上8点以后禁止工

作的硬性要求,而知名服装连锁店优衣库的运营商——迅销公司,正在酝酿4小时工作制,以此来迎合那些想要更好地平衡工作和生活的员工。迅销公司总裁柳井正表示:"即使工作时间很短,但我们将向业绩较高的员工支付更多薪酬。长时间的工作不一定带来更高业绩。"

无论在哪家公司,高效都是公司对员工一致的要求,也是衡量一个员工是否优秀的重要指标。

职场中,那些持续性忙碌的人之所以工作效率低,很可能是因为他承接了太多无关紧要的任务,并非单纯的在核心任务上的效率低下。一些人因没有和同事、领导沟通好,而被委派了分外的工作。比如某个同事因病请假,领导就把那位同事的工作安排到了你的身上,而你手里的工作已经足够你忙活了,但因为没有和领导沟通好,你只好硬着头皮把那位同事所有的工作都承担下来。这样一来,又如何保证高效和高质呢?

也有一些人的忙碌是因为他凡事都要去亲力亲为,在工作中不懂得合作也不懂得"授权"。其实,现在的工作就像流水线生产,你负责的仅仅只是一小部分,但你的工作内容却牵涉极广。

如果每一个与你工作相关的环节你都要插手,那就相当于你一个人要承担许多个人的工作量和工作内容。这其中除涉及工作量之外,还涉及专业程度的问题,你是否拥有足够的专业素养来插手他人的任务,这个问题值得你考虑。

当然,也有一些人没有被委派到额外的任务,他也不会去关心其他人的任务,但他的工作效率依然低下,这是因为他没能管理好自己的时间,在一堆事情中没能把握好轻重缓急。工作中,任务排序很重要,最合理的办法是按照"四象限原则"来处理事情。

以下的小窍门或许可以帮助你提高工作的效率。

问清楚对方的目的和想要达到的效果

很多时候,工作效率低下与目标的不够明确有关,当你漫无目的地努力后,最终仍然没能让领导或客户满意,这是因为你没有弄清楚对方的目的和想要达到的效果。

在弄清楚了对方的目的和想要达到的效果后,除了能让你更加高效地开展工作之外,你可以根据自己能力和精力对这个任务做个评估,当你的能力或精力不能满足工作的需求时你可以适当地回绝。

给出对方合理的完成时间,而不是一口答应对方的时间

一件任务委派给你的时候,对方大多会给出一个预订的完成时间。这时候你不能随口答应下来,你需要在对任务和自身条件进行评估之后,谨慎地给出一个合理的完成时间,这样才不会因为时间不充足而影响到任务完成时的效率和完成后的质量。

记录时间

想要提高在某件具体事务上的效率,记录时间是一个不错的办法。把每一次完成这件事情所花掉的时间都记录下来,一段时间后进行一次比较,以此来评估自己在这件事情上效率的增减。

在评估的基础上可以适当地给自己定一个小目标,比如原本需要两个小时完成的工作,在一周后缩短为一个半小时完成。心中要有一杆效率的秤,才能让自己变得更加高效。

在竞争越来越激烈的环境下,忙碌正在失去光环,高效才是一个优秀员工必备的素质。纠正自己工作中存在的不正确的做事方式,让自己变得更高效。

2．做重要但不紧急的事情

时间管理四象限原则把所有的事情按重要与否和紧迫与否分到了四个不同的象限：紧急且很重要的，重要但不紧急的，紧急却不重要的，不紧急也不重要的。这其中，第二象限中的重要但不紧急的事情被视为重点，这是因为这一类事情决定了你的未来。

耀华公司招聘了两个业务员王涛和杨洪，王涛每天忙得焦头烂额，结果工作的进度却并不如意；而杨洪轻松自如，工作的进度却远远在王涛前面。

王涛的工作方法是：以"急"为重，每天着重处理的就是急事，有客户打电话来要材料，王涛就立马放下手中的工作先去准备材料；领导要王涛写文件，于是他又马上坐在电脑前面开始写文件；有的时候要出外勤，这时他就会放下手中的一切工作，即使有些事要比出外勤还重要……这样王涛每天都在救火。

杨洪则不然，他工作的方法是：先轻重，后缓急。在考虑工作的先后顺序时，他会先掂量一下事情的"轻重"，同样是客户打电话来要材料，杨洪就会问客户可不可以等一段时间，等他把手里的工作做好以后再准备；如果领导要他写文件，杨洪就会问领导文件的重要性，如果没有手头工作重要，杨洪就会向领导明说……如此一来，等忙完重要的事再回过头去做那些不太重要的事情，反而更加得心应手。

在处理事情时，在不同性质的事情上投入的时间和精力的比例也不同，以及处理事情的先后顺序不同，都会产生不同的效果。对于普通人而言，四大象限中不同类别的事情按照耗去的时间和精力由多到少排列依次为：第一象限，第三象限，第二象限，第四象限。而高效人士的排序则为：第二象限，第一象限，第三象限，第四象限。

我们发现，在投入时间和精力的比例方面，人们最容易在紧急且重要和重要却不紧急两类事情上举棋不定、拿捏不准。同样都很重要，这两类事情的差别在于其急迫性，急迫性强的事情最容易吸引人注意力，也最容易让人不自觉地投入大量的时间。

这样的现象出现的原因是因为紧急的事情容易集中完成，而不紧急的事情，无论有多重要都可以被暂时性地搁置。最典型的例子就是你知道读书对你很重要，但当好友约你去玩时，你会暂时性地把读书搁置下来，等有空了再去读。

当这样的搁置一天天地堆积起来时，不管它重要与否，花去你大部分时间的还是紧急的事情。

有人把紧急且重要的事情称为"救火"。重要的事情之所以会变得紧急，一种原因可能是因为你事先没有规划好，另一种原因可能是因为事发突然。不管是哪方面原因，都意味着你是在仓促之中勉强为之，同时也意味着这件事情你已经没有足够的精力和时间去做得更好了，所以，你应该果断地把它放在重要但不紧急的事情之后。

重要但不紧急的事情值得你去投入更多的时间和精力。你可以把这类事情视为一种"长远投资"，虽然短期内可能见不到收益，但

终究改变你生活品质的还是这类事情。比如个人培训、语言学习、读书,等等,这些事情的产出周期都较长。

这里有一些秘诀可以让你把大量的时间和精力都花费在重要却不紧急的事情上。

规避不必要的事务

四象限中,最容易侵占我们的精力和时间的是第一象限的紧急且很重要的事情和第三象限的紧急却不重要的事情。大多数的时候,这些事情都是可以规避的,紧急且很重要的事情可以通过合作来完成,这样不仅省时省力还能获得更好的结果。

而紧急却不重要的事情要学会拒绝,很多这一类的事情都是被额外附加到我们身上的,因为你不懂拒绝,所以这些事情成了你最大的拖累。最典型的就是不必要的应酬,因为你怕得罪人,所以每一次邀请你都会答应,而这些不必要的应酬正侵占着你越来越多的时间。

划定时间段

给自己每天做重要但不紧急的事情划定一个时间段,比如,每天晚上9:30～11:00读书。这样一来,就让不紧急的事情也变得紧急了。为了按时开始,你会在吃完晚饭后抓紧时间处理好一切杂务,到点后准时开始阅读。

不要被紧急的事情打乱了你的计划,遮蔽你的双眼,重要但不紧急的事情才是这一辈子最大的宝藏。

3．别总在无关紧要的小事上纠结

如果留心你会发现，很多时候我们的时间都浪费在了选择上。极其类似却又各有好处的两个选项经常成为我们纠结的对象。我们在取舍和选择中徘徊不定，时间正是这样一点儿一点儿被浪费掉了。

比如，早晨打开衣柜，你在两件不同的衣服之间纠结时，也延误了最及时的那班公交车；看着菜单上不同的菜式，你不知道点哪个才好，因此你错过了点餐的最佳时机，这也导致了你的菜迟迟不能上齐；用购物软件购物时，琳琅满目的商品让你看了又看，最后东西没买到，却白白浪费了一晚上的时间。

我们无时无刻不在面临着选择，这些选择大都是"吃鱼香肉丝盖饭还是吃脆皮炸鸡拌饭"这种两者均可，也无关紧要的小事。话虽如此，但当我们身临其境时，却又很难在"鱼香肉丝盖饭和脆皮炸鸡拌饭"之间做出明确而果断的选择。这是因为这两种饭都很对你的胃口，不同的是脆皮炸鸡拌饭做得更快但也相对较贵，而鱼香肉丝盖饭虽然做的慢但要相对便宜一些。

我们在纠结的过程，其实也是一个不断循环的模拟取舍的过程。之所以会陷入这种循环的模拟取舍是因为可供我们选择的选项都触碰

到了我们心中预先制订下的价值标准,但它们又都没有完全达到那个标准。我们取舍的过程其实也是一个依据某个价值标准对选项做出排序的过程。

这个所谓的价值标准包含着两种成分:主观标准和客观标准。主观标准指的是不能依靠具体的指标和数字来衡定,只能依靠人的主观意向来做出判断的标准。与主观标准相对应的客观标准则指的是以量化的指标来做出判断的标准。这两种不同的标准往往都处在相互矛盾之中,就像我们经常遇到的"红烧的好吃,但清蒸的健康"问题一样。

造成我们纠结与犹豫的除了以上这些利益的选择还有风险的规避。我们在选择之前常常会遇到对选项的了解不充分的情况,这其实是对纠结之中的两者都没有足够的信心。最典型的案例就是公司在制定重大的决策时往往会举棋难定。费斯廷格的认知不协调理论也表示,人们一旦做出一种决定,就会立刻把注意力投放在已选选项的不好方面,以及放弃选项的好的方面。

所以我们选择的过程其实也是一个反复地把自己的注意力放在已选选项的不好方面,而舍弃好的方面的过程。选择一旦导致了不好的结果,当初过度关注已选选项的不好方面的认知就会得到强化,我们会认为自己确实"选错了",在这样的心态下当初放弃的那个选项就会显得更加合理和诱人。长此以往,我们就会因为过于担心那些不好的方面发生而在选择的过程中变得更加纠结。

以下的方法能帮助你改掉纠结犹豫的毛病,让你变成一个果断而坚定的人。

制定一个周期表

当你总是在诸如"每天中午吃什么""每天上班穿什么"等每天必做的小事上纠结时，不妨给自己每天都会做的这些事情制定一个周期表，就像我们在学生时代常用的课程表一样，详细地标明每天的选择，然后把它贴在适当的位置，并严格遵守。

赌一把，豁出去

我们选择时纠结的原因无非就是想要更好的和避免最坏的，而当我们对眼前的选项都不了解的时候过多的纠结只是在浪费时间，既然都不了解，既然都存在风险，不如索性豁出去跟着自己的感觉走，抱着赌一把的心态，用抛硬币这样的方法来解决选择的问题。

找一个适合自己的哲学

从最本质的角度来说，我们之所以会常常遇事纠结是因为还没有构建起明确的价值观。而哲学体系恰巧专注于这方面，因此，找到一个适合自己的哲学能帮助你搭建起一个明确的价值观。

在实际的操作中我们发现，任何一个哲学体系的学说都相对高深，它们的经典也大都晦涩难懂。所以，最好是从一些入门的书籍入手，逐步深入地了解。

阅读一些高质量的畅销书

一些高质量的畅销书能用通俗的语言帮助你解决最贴近生活的问题，而最近两年反鸡汤书籍成为一种风潮，在此期间诞生了一些言之有物的畅销书籍，它们都能在实际问题上很好地帮到你。比如张德芬的《遇见未知的自己》《重遇未知的自己》，马歇尔·卢森堡的《非

暴力沟通》以及维泰利《零极限》《最简单的方式》,等等。

  小的事情其实是没有必要纠结和犹豫的,想做什么就直接一点儿,果断一点儿。

4．高效能人士都是清单控

忙是现代人的通病，但总有一些人每天处理着数倍于你的任务，却还能保证有条不紊、高质高量。他们被我们称为"高效能人士"，这些人在任务处理上都有一个共同的特点——他们都是清单控。

有段时间燕子手里一下子多了好多事情。她在一个药店里做会计，平时的工作都很轻松，只是月末的时候报报税就行。

但在那年年底时，她的父亲突然重病住院，作为独生女的她必须和母亲轮流到医院照看父亲，准备了两年的公务员考试马上就要进行了，这时也恰巧是一年中工作最忙碌的时候。刚开始的时候，燕子每天忙得不可开交，即便是这样，仍然有许多事情被耽搁了。

朋友见她每天顾此失彼的就给她推荐了一款清单App，建议她把每天需要做的事情都罗列出来，然后有秩序地去做。正为眼前的诸多事情而苦恼的燕子欣然地接受了这个建议，也尝试性地列出了第二天的任务清单。

第二天的实际行动虽然与计划有一些出入，但基本上都是按计划执行的，这让她不再慌张。那段时间她靠着这个方法不仅很好地完成了工作，照顾好了重病的父亲，更让她感到意外的事，公务员考试并没有因此而受到过多的影响，最后她通过了考试。

在日常的工作和生活中，如燕子这般同时要面对多个不同任务的现象并不少见。通常情况下，我们都是在做这件事情的时候突然想到另一件事情还没做，于是就放下手里的活儿去做另一件事情，慌慌张张地把这件事情处理完了，又发现遗忘了原来的那件事情。最终导致一件事情也没有做好。

人在同时面对一堆繁杂的事务时都会变得焦虑，因为焦虑，所以会产生一种无力感，不知该如何着手，或者说不知该从哪里切入，这就导致了躲避和拖延，任务的执行也就被搁浅了。除此之外，繁杂的事务堆积在一起也很容易分散人的注意力，导致人在执行任务的时候无法做到专注，这又影响到了任务完成的质量。

清单的使用能很好地规避以上提到的这些问题。当你把一段时间之内需要完成的任务罗列出来之后，所有的任务都一目了然地呈现在你的面前，这样你对所有需要处理的任务都有了一个整体的把控，做到了心中有数，这样就能很好地消除你的焦虑感。

其实，罗列清单的过程也是一个梳理任务的过程。在罗列清单之前繁杂的事务就像一团交织缠绕在一起的毛线，而当你把任务一个一个地罗列在清单上时，就相当于把那团毛线一根一根地梳理清楚了，梳理的过程能帮助你理清任务处理的思路，甚至还能提升你思维逻辑的严密性。

罗列出的清单能让你在执行某一项任务时更加地专注。通常情况下，一个明确的任务执行清单包含着每一项任务具体的起止时间，这就相当于把某个固定的时间段分给了某一件事情。在这个时间段里你的任务就此一个，你也就不会再心忧其他任务了。清单的存在也像一个闹钟，在忙碌中及时地提醒你去做相应的事情。

以下方法能帮助你罗列出更加简洁、高效的清单。

动词要加大加粗标红

在任务执行清单中常常会用到一些动词比如"写书评""买菜""读英语",这里的写、买、读就是动词,它代表着的是具体的动作。让这些词汇变得更醒目,能给你带来更强的视觉冲击,以此来强化提醒的效果。并且在动词的提醒下,你的行动将更加直接和高效。

如果你习惯用纸和笔来罗列清单,就用颜色醒目、规格较粗的字体来书写这个动词。如果你习惯用手机上的电子清单,则可以在这个动词后面空出一个字符。

将清单分类

在实际工作和生活中,我们需要罗列的可能是不同的清单,除了用得最多的任务执行清单外,还会有各种各样的清单需要罗列。喜欢阅读的人会罗列出一个书单,经常出差的人会有一个随身携带物品的清单,体质不好的人会有一个常备医药用品的清单……这些清单都需要仔细地分类和整理。

及时更新你的清单

清单能否对你产生及时的效能要看这个清单能否得到及时的更新。我们每天面对的任务在不断地变动,相应的我们常用到的清单也要根据实际情况的变动而及时地去更新。所谓的更新就是删掉不用的(或者说过期的、完成的),加上新进的。

这样做可以让你的清单更加简洁,而在删减任务的过程中你会产

生一种很强烈的成就感和满足感，这些能帮助你更好地开始下一阶段的任务。

良心清单推荐

以下这几个清单类App广受好评，这里给大家罗列出来：

（1）Google Keep，它的一大特色就是可以通过彩色的标签来整理你的笔记。

（2）奇妙清单，它的特点是多平台内容同步和清单共享，这不仅能帮助你更好地分享你的清单，还可以当作任务安排表来分派给不同的人。

（3）滴答清单，它专注于任务管理和日程提醒。其特点是集计划表、备忘录、日程清单、笔记、便签、闹钟、日历、在线协作等多种实用功能于一体。

很多时候，你离高效只差一个简洁合理的清单。

5. 学会拒绝，你以为的合群有时就是浪费生命

很多时候，我们明明想要对摆在眼前的要求或邀请说"不"，却怎样也说不出口，更多的是带着满满的不情愿去接受对方的要求和邀请。的确，这样做是考虑到了对方的感受，给足了对方面子，但侵害到的却是自身的利益。

刚入职场的时候，晓宇总是尽可能表现得谦卑一点儿，公司里的老同事给他安排的任务他从不拒绝，所以他经常性地加班到深夜。更加要命的是，公司里一共就没几个男同事，而这几个男同事还经常聚在一起喝酒。一到周末，他们就会直奔饭店，喝到深夜才各自回家。

晓宇作为新来的一位男同胞，不久就被拖进了这个队伍里。晓宇的肠胃一直都不太好，所以他很少碰酒精，但和前辈们坐到一起时总是不知道该怎样拒绝他们的劝酒行为。开始的几次，他都是喝得东倒西歪，还吐得满地都是。随着聚会的次数越来越多，他的肠胃就受不了了，直到后来因为喝酒而导致了胃出血……

不拒绝通常都是因为有一定的顾虑存在，我们的顾虑一方面来自于对别人的讨好，另一方面来自于对自我的防御。随着我们年龄越来越大，身处的圈子也越来越大，带有功利性质的社交也就越来越多。

在这样的圈子中,彼此之间大多仅是维持着一种利益上的平衡,你一旦拒绝了对方的某项要求,这种平衡就很可能被打破了。平衡一旦被打破之后就会导致实质性利益的流失。

而防御性质的不拒绝更多的是在维护自身的良好形象。我们都知道随和宽容的人会受到别人的欢迎,所以我们总是在尽力为自己树立一个这样的形象,从而不拒绝别人的任何要求。

但无论从情商的角度来说还是从社交成熟度的角度来衡量,不懂得拒绝都是一种不够成熟的表现。我们在不拒绝他人的时候也折射出了自身怕被拒绝的事实。在心理学上,把这种现象称为"被拒敏感"。

"被拒敏感"的产生与我们小时候的经历有着极其密切的关系。不会拒绝的人,在其以往的人际关系和所处环境的中,大多有过被他人多次拒绝的经历。被拒绝本身就是一件让人反感的事情,在经历过多次被拒绝之后,人就会对拒绝特别地敏感。自此以后,每一次提要求时都会变得小心翼翼,但越是这样,对拒绝的敏感程度就越高。直到"被拒绝"成了你内心的一道创伤,不可以被触碰。

在切身感受和推己及人的前提下,你会尽量避免把这样的创伤带给他人,所以他人提出的要求你通常都会接受。

由我们所看重的"羞耻文化"所构建起的"面子文化",在成年人的社交中定下了一条潜规则——拒绝就是不给面子。在成年人的社交里面子是最重要的因素,有的时候面子甚至重过利益。两个人和与不和,要看对方给不给面子,拒绝就直接代表着不给面子。就像电影《一代宗师》里的桥段:武林前辈邀请叶问抽烟,不会抽烟的叶问也不得不抽一口。

而我们深入骨髓的对被人肯定的依赖,以及分离带给我们的焦虑也让我们一次次地重复着"不拒绝"。对他人肯定的依赖是自小形成的，小时候我们的很多行为都是为了获得父母和老师的肯定。长大后，我们就会习惯性地用"不拒绝"来博得朋友、同事、领导的肯定。这样的行为使我们的自我评估能力和自我价值意识逐渐降低，反而对他人的肯定越来越依恋，因此也越来越不会拒绝。

对他人肯定的依赖又进一步地演化成了"用合群与否来衡量一个人行为的是与非"的这种扭曲的价值观。在这种价值观下，我们通常会被迫做一些不情愿做的事情，这也是"不拒绝"的表现。

大多数的"不拒绝"并非是不知道应该拒绝，而是不懂得怎样去委婉地拒绝。以下的这些话能帮助你委婉地拒绝别人。

不能保证，因为我还有其他事情要做

这样的表述能在不拒绝的前提下，把自己不接受的理由很好地向对方表明。通常情况下，对方能把这句话的重点放在你不能接受的理由上，而放弃提出的要求。

但也有一些人总喜欢把这句话的重点放在"不能保证"上，因此他认为还有机会。针对这种理解，"不能保证"也可以为你之后的拒绝留出解释的余地。

现在不合适，因为我还有事情，不如我们改天吧

与上一句话所用的原理类似，这句话也能很好地表明拒绝的理由，也给对方留足了面子。

我不是对此提供帮助的最佳人选，为什么不试试找×××呢？

人不喜欢被拒绝是因为被拒绝带来的总是失望，如果你的拒绝能减弱对方的失望感，也就能达到委婉拒绝的目的了。这句话前半句是

拒绝，但后半句又给了对方新的希望，这能很好地减少前半句话带来的失望感。

在纷杂的社会中，学会委婉地拒绝他人能让你在人际交往中游刃有余。

6．一个高效的学习者手机里装有哪些App

现在的年轻人越来越重视碎片时间的利用，在公交车和地铁上，拿着书本阅读和带着耳机听外语的人随处可见，利用碎片时间来寻求进步早已成为一种尽人皆知的方法，但你真的会利用碎片时间吗？

在北京工作了三年，章茵意识到自己想要在事业上走得更远就必须提升自己的学历，本科生的文凭一定会限制她的发展，她至少需要一个硕士研究生的学历。因为她的工作很忙，所以一天之中很难挤出一整段空余的时间专门用来学习，但碎片化时间的学习又很难保证效率和质量，为此她很苦恼。

偶然间她在网络上读到了一篇文章，文章里推荐了几款学习类的App，她尝试性地下载了几款。经过几天的试验，她发现这些App确实能提高碎片化时间学习的效率。

她用一个扫描类的App每天把第二天需要读的书扫描成PDF格式的文件，储存在手机里，第二天早上上班在地铁上读完。午饭后的休息时间她会打开《人民日报》《凤凰新闻》等App浏览时政要闻。下班后在地铁上她会一边听着外语一边浏览考研公众号推送的内容。晚上复习完睡觉前她还会看一个小时的视频课。

我们每天都在说碎片时间,究竟怎样的时间才能被称为碎片时间呢?它有没有时间限制呢?

众所周知,时间是连续的,而我们常说的碎片时间是和整段时间相对比较而言的。在整段学习、工作时间之余的零散时间都可以视为碎片时间,碎片时间可以是排队、等人的十几二十分钟,也可以是你在出差途中的若干个小时,它并没有严格意义上的时间限制。

碎片时间越来越被人们重视,这是因为你的时间正在逐渐被碎片化。随着年龄的增长,一天之中你需要去处理的事情也在不断地增多,这意味着你需要把整段的时间分配给不同的事务。在时间被碎片化的同时,你的注意力也被碎片化了。随着交通技术和互联网技术的进步,这样的碎片化正愈演愈烈。

时间的碎片化让你想拿出一整段时间来对待某件事情已然成了奢求,尤其是提升自己的时间,在忙碌的生活中更是被侵占得支离破碎。所以,我们想要提升自己,只有利用好碎片化的时间,而那些成功人士,大多能很好地管理自己的碎片时间,让碎片化的时间变得高效。

管理好碎片时间有一个关键性的原则——碎片时间做零碎的事情。在一天之中,碎片化的时间主要集中在上下班的路途上和晚上睡觉前。而具体时长则因人而异,有的人上班需要两个小时,有的人上班只需15分钟,因此具体安排上也要灵活变动。比如阅读,花两小时上班的人可以读一本书,而上班只需15分钟的人只需浏览一下新闻即可。

在管理自己的碎片时间时,其实也是在管理你的注意力。人的注意力从一件事情转移到另一件事情上时,是需要一定的时间的,而这个时间的长短也是跟具体的事情有关,也与一个人的精力有关。比如，读书需要高度的专注，因此会消耗相对长的时间，而这个时间也是不一定的，同一本书，当你的精力充沛时，花去的时间要远远短于你疲惫时所花去的时间。

因为每个人具体的作息规律、生活规律不同，需要提升的方向也不尽相同，所以从来没有"最科学的碎片时间管理表"。根据你的具体时间、身体状况来安排，让你的碎片时间和注意力相匹配，规划出最适合你的任务才是最合理的做法。

以下几个应用和硬件能让你的碎片化时间变得更高效。

阅读器：Kindle

Kindle不用过多介绍，这是被公认的最好的阅读器。细腻的电子水墨屏给人的感觉非常接近纸张，在一定程度上可以减轻眼睛的负担。Kindle商店中有一个非常庞大的书库，这些书几乎是所有电子书中校对最为严谨的。因此，无论从哪方面来说，kindle都是碎片时间阅读的最好选择。

手机应用：扫描全能王

如果你需要阅读大量的纸质文件，但又不想让这些文件占用过多的时间，你可以用这个应用把它们全都扫描成电子版，放在手机里，随时阅读。其实，这就是一个手机版的扫描仪。

手机应用：奇妙清单

这是一个日程表性质的应用，它可以在管理事务方面帮到你。奇妙清单的特色在于页面简洁、操作简单，能标注重要任务，打开之后一目了然。

手机软件：Recordium

这是一个录音软件，录音的重要性不用多说，这个应用值得推荐的原因在于一个小时的录音只会用去100M的内存。

成功人士的成功不仅在于抓住了碎片时间，更在于他们在碎片时间中比他人更高效。合理规划你的碎片时间，让它高效起来。

7. 离开手机没你想的那么难受

不知你是否也有这样的习惯：无论是在忙碌地工作还是漫无目的地闲聊，总会拿出手机来划一划、看一看。其实，你并没有真的想要看的东西。如果有人问："你刚才看了哪些内容？"你会发现自己根本回忆不起刚才浏览过的内容。

有人说："现在的人对手机已经形成了依赖，一会儿不看手机就会难受。"

小海带着女友在度假，虽然一路上风景很美，女友也很开心，但小海却开心不起来，因为在整个旅途中，女友都在盯着手机看。

除了在飞机上，其他时候，女友总是在"与手机打交道"。一会儿把小海拉过来自拍，一会儿录一段小视频，拍完录完之后她就忙着修图，等到把照片修得满意了，她又把图片和视频发在了微信朋友圈、QQ空间、微博……一个不落。被冷落在一旁的小海还时不时地被要求去点赞。

就连吃饭的时候，女友也是时不时地拿起手机划一划，小海好奇地问："你看什么呢？"女友会心不在焉地答一句："不看什么啊。"小海接着问："不看什么老划手机干什么？"女友回答："习惯了，不划一划总感觉不舒服。"

我们离开了手机就会感觉不舒服的最根本原因是，手机的功能越来越强大，强大到它已经渗透到了我们生活的每个角落。最初手机的功能仅限于拨打和接听电话，那时候的手机还只是单纯的通讯工具，彼此之间大多是因为某件事情而互通电话，在拨打电话之前带着明确的目的性。所以那时我们的手机经常是放在口袋里的。

移动互联网技术的发展让手机多了上网的功能，这时候智能手机很快就普及开来。手机的功能一下子强大了很多，用手机可以社交、购物、打游戏、看视频、听音乐，等等。手机的功能越来越强大，我们对它的依赖性也就越来越强。到了现在，当手机成了我们支付的主要手段时，我们更是一刻都离不开手机了。这也是如今我们常把手机攥在手中的原因。

在手机的所有功能中，最让人依赖的还是社交功能。离不开手机是因为网络社交几乎成了我们所有的社交。不论我们是与家人、亲戚之间的交流，还是朋友、恋人之间的沟通，甚至是同事、领导之间的商讨，都需要通过手机来完成。

当小小的一部手机成了我们维系社交的依赖，就不怪我们会常常划手机了。

手机强大的娱乐功能则成了我们打发无聊时间最好的选择。无所事事的时候你可以刷刷微博、读读文章、看看新闻，或者看一段精彩小视频、一集电视剧、一部电影。

也有一些情境之下，划手机是为了避免尴尬。比如，在车站等车时，你身边只有一个等车的人，为了避免搭讪的尴尬也为了避免冷漠的尴尬，看手机就成了你最好的选择。

但是，当你在过度地依赖手机时，你的身体健康也被手机威胁着，最直接的表现就是你的视力越来越差，注意力越来越不集中。当你习惯了睡前玩手机时，你的大脑处在极度兴奋的状态，并且明亮的显示屏会对眼睛和神经系统有强烈的刺激，破坏体温变化的规律，从而影响睡眠质量，导致失眠、难以入睡。近几年来，心理学上甚至出现了一种"无手机焦虑症"。

以下小窍门可以让你"戒掉"手机。

选择性地关机

在不需要手机的时候就把手机关机，比如睡觉前、工作中。当你需要保持开机状态时，可以用断网来代替关机。

用打电话代替发微信

工作上，越来越多的人通过微信进行沟通，但一来一往地发微信极其浪费时间，而且当你使用微信时，也会不知不觉地浏览其他与工作无关的消息。所以工作中，当你需要与他人沟通某件事情时，用打电话来代替微信聊天，这样可以让交流变得更高效，也能让微信变成单纯的娱乐软件。

每次只使用手机的一项功能

手机的多功能也在耗费着我们过多的时间：听音乐时想要刷刷微博，还要及时回复朋友发来的微信，有的时候还想浏览购物软件……针对这样的情况，你需要做的就是每次只使用手机中的某一项功能。比如，听音乐的时候带着耳机安静地听音乐就行了，把手机放在口袋里。当然，你也需要把手机中那些不常用的软件全都卸载掉。

当手机让我们的生活变得越来越便捷时，需要注意的是，不要沦为手机的奴隶。

第七章 拒绝拖延，即刻行动改变一切

进阶力 从被动努力到主动进取

1. 梦想越具体越容易实现

记得在幼儿园的时候,老师让班里每个小朋友说一说自己的梦想。在那个什么都喜欢比个高下的年龄,我们总是尽自己所知、所能把自己的梦想往大了说。当其他小朋友说自己的梦想是做老师这类"平凡"的职业时,我们还会嗤之以鼻。那时的我们总以为梦想越大越好,长大后才渐渐明白,梦想太大会导致无法实现。

和所有刚毕业的大学生一样,刘昊的心里也有一个闪闪发光的梦想。刘昊大学学的是工程类,他的梦想就是成为一名每天出入会议室、对着幻灯机优雅地讲方案的工程师。

第一份工作在国企施工单位,他以为国企的工程师这样体面的工作性质对应的也应该是体面的工作内容,但到单位后他才发现自己必须和普通工人一样,每天灰头土脸地钻工地,睡集体宿舍,吃大锅饭。他觉得自己离工程师越来越远。

随后,单位发生了一次工作调动,他毫不犹豫地向单位发出了调动的申请,他有幸被调往天津。新的职位是一个"闲差",每天在办公室里处理文件、写报告和总结。但这样的工作仍然不能让刘昊满意,他想做的是工程师。不久之后他辞职了……

通常情况下,所谓的梦想是一个人根据自身的认知和实践经验而产生的对未来的一种描述。这就意味着梦想通常是虚幻的、非现实的,但它也总是美好的。梦想所构造的美好景象能给人的行动带来驱动力,所以,梦想可以促进行动的产生与发展。但这只能在有限的范围内得到验证,当梦想过大时,就会成为行为的一种阻碍。

梦想太大是针对个人的实际情况而言。它指的是一个人的能力远远达不到实现梦想所需要的水平。这样的梦想在制定的时候大多没有经过理性的分析和仔细的规划,单凭一腔热血,就制定了这样一个梦想。当真正执行的时候,热情已经褪去,此时就会发现,这样的目标会让我们产生一种恐慌感,这种恐慌感会让我们逃避行动,这样一来,行动就受到了阻碍。

梦想过大有的时候也表现为"目标过于空洞"。比如,我明年要完成瘦身,这样的目标显然过于空洞,"瘦身"这个词没有明确的界定标准,每个人所理解的瘦身也都不一样。更何况,所谓的"完成瘦身"也没有给出具体的目标,瘦10千克还是瘦20千克,或者更多。这样过于空洞的目标直接导致的是执行者不知该从何处入手去开始行动。这样的目标,即便是已经在执行了,也会因为它没有明确的标准而无法判断梦想是否得以实现。

梦想的实现与否在行动中起着极其重要的作用。梦想实现的过程中通常伴随着痛苦和煎熬,这些负面的因素是行动最大的阻碍。而梦想的实现大多是阶段性的,阶段性的实现梦想能给执行者带来积极的反馈,这些反馈能很好地抵消掉一些负面因素,进而维持和促进行动进一步发生。

也有一部分人"梦想太大"是追求完美而导致的,他们大多没有意识到人类能力是有上限的,刻意地追求完美反而会使原本可以实现的梦想迟迟得不到实现。

梦想不用太大，也不能太小，以下方法能帮助你制定一个"刚刚够用的梦想"。

列出你拥有的能力和掌握的技能

这是一个"看牌"的过程，知道自己手中拿着怎样的牌，才能知道以后要怎么出牌。把自己已经掌握的技能和自身拥有的能力一一罗列出来。

需要注意的是，自己的性格特点和学历也都在能力和技能的范围之内，这些都是你实现梦想的筹码。

描述你想要的生活，并估算其大概成本

一部分人的梦想是一种生活状态，另一部分人的梦想是某个具体的身份。无论是哪种梦想，都需要付出一定的成本。

如果你的梦想是某种生活状态，则尽可能详细地描述那种生活状态，并把这种生活所需要的物品一一罗列出来。罗列时要带有大概的估价，然后汇总，看这样的生活状态需要投入多少成本。

如果你的梦想是某个具体的身份，则只需分步地把实现梦想的过程进行模拟，模拟时要加入具体的时间，直到拥有那个梦想的身份。

根据底牌增减目标

当你把自己的目标罗列出来后，你对自己的梦想能否实现就有了一个明确的把握。此时，就可以根据自己的底牌对目标进行一定范围内的增减，达不到的可以适当地削减，能达到的可以适当地提升。

梦想不是用来装饰自己的，它是用来实现的。如果梦想大到无法实现，那就失去了梦想最本真的含义。

2. 别再给拖延找理由了

你之所以迟迟没有行动,只是因为你太会给自己找理由了。

前段时间,磊哥从西藏回来了,几个朋友聚在一起喝酒,磊哥说起了他一路上遇到的奇人奇事。这时另一个朋友小凡一脸羡慕地说:"我也想来这么一趟惊险刺激的旅行。"磊哥答道:"想去就去呀!这又不是什么难事。"

小凡说:"首先,工作太忙,根本抽不出身出去玩。"朋友们大跌眼镜。小凡是一名高中教师,每年都有两个长假期,怎么会抽不出身呢?接着小凡就做出了解释,来证明自己确实忙,抽不出身。

小凡的第二个理由是手里没多少钱,这个理由立马被磊哥给驳回了,磊哥当下给他算了一笔账,自驾去西藏远没有小凡想象的那样"奢侈"。小凡这时又做出了解释。当小凡的话说完后,没有人再劝解他了,因为在座的每个人都知道,无论你怎么劝说,他都会有"真的去不了"的理由。

我们总喜欢为自己的不肯行动编出形形色色的理由,并且每个理由都十分贴切、无法反驳,但你有没有想过,这些理由为什么能说服他人?你真正想说服的究竟是谁?通常情况,最了解你自身情况的只有你自己，也只有你才知道自己不肯行动的原因。针对这些原因你一一罗列出了应对方法，而这些应对方法足够你应付外界所有人的劝说追问。原来，你在编造理由时，真正想说服的是自己。

你说服自己不肯行动的理由不外乎三种，第一种理由是条件还不具备。以这种理由来掩盖拖延的人总是看起来一副深谋远虑的样子，他们似乎能预料到事情进展中可能发生的一切突发情况，为了避免这些情况的发生，他们必须做足了准备工作。表面上看来，他们是最严谨、务实的人，但仔细观察就会发现，他们其实是最不愿意行动的人，他们所谓的准备工作能无休止的延续下去，事情也会随之被一拖再拖。

我们常用以掩盖拖延行为的第二种理由是已经错过了最佳时机，来不及了。最常见的就是很多人拿"年龄大"来为自己不肯做出改变辩解。很多时候所谓的"最佳时机"都只是普遍认知里存在的东西，从科学的角度来说，普遍认知里的最佳时机都是不准确的，就比如我们总认为一个人一天中记忆力最好的时间段是早上，这个观点早已被证明是不准确的，但它却至今仍被我们奉为真理，广为流传。

第三种被我们常拿来当理由的是"以后有的是时间"，这个理由从字面意思来看就能知道这是一种拖延的说辞。我们都知道，在浅交往中有一个潜规则，当对方说出"改天再……"就意味着想要拒绝某个请求或邀请，因为所谓的"改天"并没有定下明确的日期，这就意味着以后所有的日子都是"改天"。我们在说"以后有的是时间"时，"明日复明日，明日何其多"的状况也就发生了。

无论你喜欢用那种理由来为自己开脱，也不管你的理由说服力有多强，在你为自己的拖延找借口时都是一种懒散的表现。懒散让你不

断地自圆其说、自欺欺人，说得多了你也就确信了自己不行动确实符合客观实际。但其实是你在懒散的怂恿下被自己欺骗了。

别再给你的不肯行动找借口了，没错，你说得都很对，他人无法反驳，但赢了争辩的你却输了人生。

以下小窍门让你不再为自己找借口，用行动去赢得人生。

自断退路

当你在为一件事找借口而迟迟不肯行动时，你需要自断后路，把自己逼上绝境，以此来逼着自己去行动。你想要去旅游，就先把机票订好；想换一份工作，就先把当前的工作辞掉；想要追某个女孩，就别管她对你有没有好感先表白了再说……当你断了自己的后路时，行动就成了你唯一选择。

列出"得"与"失"

你在走出第一步前，往往会考虑到这件事导致的不良后果，这些臆想出来的不良后果是你迟迟不肯行动的借口。此时，你不妨把这些臆想出来的不良后果统统列在一张纸上，接着把这件事有可能导致的良性结果也一一列出，然后互相比较。此时会发现，良性结果要远远超过可能的不良后果，相信在如此明晰的"得"与"失"面前，你会毫不犹豫地开始行动。

尝试10分钟

无论你将要面对什么，别急着找借口，先尝试性地坚持10分钟。手边有一本晦涩难懂的巨著，别过早地认为自己一定读不懂，先翻开书，读10分钟。这10分钟的尝试会让你撕掉贴在自己身上的各色标签，打破"不适合""不喜欢""不行"的魔咒，让你的行动不再有顾虑。同时这10分钟的尝试也能让你走出舒适区，从舒适区走出来后，一切都会变得顺理成章。

不给自己的拖延找理由才能让自己的行动更加直接和高效。

3. "现在"就是最好的时机

你是不是也被那句"太晚了,来不及了"蒙蔽了双眼,总以为自己错过了最佳的时机?其实最好的时机就是现在,因为现在永远都是你余生中最年轻的时刻。

有人会说,我都30岁了,现在开始学设计,还来得及吗?

有人会说,我都40岁了,现在开始尝试写作,还有成名的希望吗?

有人会说,我都50岁了,现在再去创业,还能成功吗?

你有没有发现,从30岁左右开始,无论你做什么,都会怀疑已经"太晚了"。照着这样的想法去推测,一个人的一生将在30岁左右定型,这显然是个谬论。看看你身边的人,有多少人从30岁之后才迎来了人生中的重大转折。

著名作家村上春树在33岁的时候才决定要做一名全职作家,但这并不妨碍他的作品风靡全球;摩西奶奶第一次拿起画笔的时候是58岁,但这并不妨碍她在80岁的时候轰动整个美国;哈兰·山德士66岁的时候才创立肯德基,但这并不妨碍肯德基的店面开遍了世界的每一个角落。

我们总认为最佳时机就在那个特定的时间点，早一步或者晚一点都不行，晚了我们会懊悔，早了我们又会等待，无论是懊悔还是等待，设想仍然只是空想。有一句名言"种一棵树最好的时间是10年前，其次是现在。"没错，现在才是最好的时机，为什么我们总以为自己已经错过了"最佳时机"呢？

我们总认为自己错过了最佳时机的罪魁祸首是大众的意见。只要你留心，就能发现，无论从事哪一行哪一业，在普遍意识里都存在着一个"最佳时机"，但这个所谓的最佳时机究竟从何而来？它的定位是不是拥有足够的科学依据？就算是某位专家所言，这样的论断又有多高的涵盖率？这三个问题似乎很少有人去考虑，因为我们早已被那个所谓的最佳时机吓怕了，因此一旦你认为错过了最佳时机就会放弃努力和坚持。

陈奕迅演唱的歌曲《红玫瑰》中有这样一句歌词"得不到的永远在骚动"，我们总是习惯性地把错过的当成最好的，把遗憾粉饰成一个凄美的故事。也总会认为最纯真的爱情只能发生在校园里，学生时代错过的那个人将是我们这一生中遇到的最好的人。因为没有发生，也因为总是喜欢把遗憾美化，这让我们更加坚信，"是的，我已经错过了最佳时机，再努力也是徒劳一场。"这样一来，还没尝试我们就已经选择了放弃。

归根结底，还是我们心里存在着根深蒂固的"时机决定论"，这样的观念不知从哪里来，却深深地扎根在了我们的意识里。我们认为只有在最佳时机内才能把某件事情做好，反之就已经提前宣布了你的失败。

其实，任何事情都是千变万化的，没有什么"最好的时机"，更不存在"时机决定成败"，这些都是我们臆想出来的东西，就像那段

错过了的感情,总被我们误认为是最美好的。最好的时机就是当下,最好的人就是眼前的人。最好的路都是走出来的,别被自己编制的幻境所迷惑。行动,现在开始刚刚好。

如果你仍然苦苦纠结于所谓的错过了最好的时机,那以下方法可以帮助你从虚幻中走出来,重新认识人生的道路,马上开始行动。

搞清楚"最佳时机"的来源

当你认为自己已经错过了做某事"最佳时机"时,不妨静下来考虑一下那个"最佳时机"究竟是怎样来的。是听某人说的?还是来自普遍认知?或者是某位专家经过研究后得出来的?此时你需要有怀疑精神,把你的问题输入搜索栏"做某事最佳的时机"。当你点下搜索键时,一般情况下,网页上跳转出来的是各种各样的说法,真可谓众说纷纭,也就是说,这件事根本就没有一定的"最佳时机"。既然全都是谣传,那就把现在当成最佳的时机,从现在开始。

搞清楚在错过的"最佳时机"中你究竟错过了什么

当然,有的事情经过多年的科学研究,确实也得出了一个极为可靠的"最佳时机",而此时的你也的确是错过了那个时期。这时,你不妨拿出一张白纸,把因错过了最佳时机而错过的因素一一列举出来,然后把那些不能通过之后的努力来弥补的因素再一一划去,最后再添加上此时拥有,但在"最佳时机"的你又不曾拥有的优势。此时你会发现,因错过最佳时机而错过,却又不可挽回的因素少之又少,大多数的因素都可以通过现在的努力来弥补,而此时你拥有的优势是处在所谓的"最佳时机"时的你所无法拥有的,这样你可以得出一个结论——现在,就是最佳的时机。

抛开时机，跟着心走

这个方法，是最直接，也是最有效的方法。无论是什么事，先不管所谓的"最佳时机"，而是努力一番再说。比如，如果你想学一门新技能，那就去学，管他什么最佳时机；如果你想创业，就大胆地去闯。因错过了最佳时机而产生的懊悔和放弃都只能导致一事无成，埋下头猛干一场也许就能成事。其实，大多数的事都是如此，顾虑就是阻碍。

有了行动的念头就要着手去改变，别担心错过了所谓的"最佳时机"，因为最佳时机就是现在。

4. 有太多事情要做，却不知道从何处下手

无论你是安卓用户还是苹果"铁粉"，打开你手机的多任务管理器，都会有多个不同的应用在同时运行，智能手机几乎不会只运行某一项功能。人也是如此，大多数情况下，你手里都会有多种任务等着你去处理，这时你却犯了难，不知该从何处开始。

这样的情况几乎每个人都遇到过：你正在写一篇非常重要的稿件，写到一半时，领导又委派给你新的任务，不巧的是同事又来请你帮忙，而你又无法回绝；这段时间你正在学习一门外语，突然，你最喜欢的那位作家出版了新书，你买来后迫不及待地想要阅读，这时公司又安排你去参加一场重要的职业培训；你正在忙着做晚饭，孩子进门后就冲你大哭，这时正在加班的丈夫又打电话给你，让你尽快把他放在家的一份文件送到公司。

上述情况总让你顾此失彼、焦头烂额，此时的你不禁羡慕起你的手机，它能同时处理多个不同的任务。

在同时面对不同的任务时，人的注意力并不能同时分散到不同的任务上去。你所认为的"注意力分散"不过是你注意力的焦点在不同的任务之间快速的跳转而已。

注意力的不可分散意味着你并不能同时进行多种任务。当然也有一些事情是不需要投入注意力的,在进行这类事情时你完全可以同时做其他的事情。比如骑自行车,你在骑车的时候大可与身后载着的女友说说笑笑,此时你的注意力不在骑车而在女友身上,但当马路中突然窜出一只小狗时,你的注意力又转移到了小狗身上了。

所以,同时进行不同的任务其实就是不同任务之间的来回切换,你手中正在处理的,需要你投入注意力的,始终只有一件事情。

心理学家发现,当正在执行任务甲的你突然被要求去完成任务乙时,在任务乙上,你的工作效率明显要比任务甲低一些。如果还有任务丙、任务丁等着你去执行的话,你的工作效率会越来越低。心理学上把这种现象称作"转换损耗"。

转换损耗是多任务来回切换时不可避免的,导致这种现象出现的原因有两点,第一是我们在处理任务甲时留下了认知的惯性,这样的惯性让我们把处理任务甲时的思维方式、行为习惯带到了新接手的任务乙上,而这并不适用于新的任务,由此,旧的认知就成了完成新任务的阻碍;第二个原因是当我们切换到一个新的任务时,我们需要在新的情境之下对新的任务进行重新的认知,而这样的认知是需要时间的。

比如,一名记者正在忙着写一篇极其重要的深度报道,领导突然要求他把之前做好的一则新闻重新剪辑一遍。这时,他需要放下手中的稿件,重新面对剪辑软件。但他的脑子里仍然残留着写稿子时的思维,这样的思维会被他带到新闻剪辑的工作中,但这样的思维并不适用于剪辑的工作。所以,一方面他需要从写稿件的思维中跳出来,另一方面他还需要重新回忆新闻的内容,以及领导不满意的地方,最后他还要拿出一个更好的剪辑思路来处理这则新闻。

在现实中多任务之间的切换并不是简单地从任务甲切换到任务乙再切换到任务丙即可，而是不定时、不定向地切换。有可能会从任务甲直接切到任务丙，再从任务丙切到任务乙，最后再切回任务丙。所以，如何能减弱前一项任务所残留下的认知惯性，以及如何能迅速地回忆起后一项任务所处的情境并尽快进入高效的工作状态，这才是处理好多任务同时进行的关键所在。

以下方法可以帮助你在面对多任务同时进行时，如何能更好地切换任务。

选择正确的切换点

当你在集中精力地阅读一本严谨的著作时，一旦被打断，很难再进入之前思维运转的状态，但如果你只是在切土豆丝，即便是被打断了也能很容易地回到之前的状态。所以多任务同时处理的时候，要选取那些不用耗费多少心思就能重新开始的点作为任务之间的切换点。

留个"小尾巴"

当你要写一篇稿件时，会发现最耗费时间也最艰难的部分是开头。不光写稿件如此，其实万事都是开头难。为了能在任务切换之后尽快地进入最高效的工作状态，你可以在这项任务切换的时候留下一个"小尾巴"。如此，当你在重新切换到这个任务时，你是在继续而不是重新开始，相对于重新开始而言，继续要容易得多。

在多任务同时执行时，保持冷静的心很重要，一颗冷静的心能让你有条不紊。

5．害怕失败不敢行动？如何迈出第一步

前段时间，有这样一句话爆红了网络：如果你主动一点，我们就会有故事！这句话还有一个衍生版本：如果你主动一点，我们孩子都有了！其实，它只揭露了一个道理——成功始于行动。但很多时候，我们总会因为担心失败而不敢行动，但是不行动又谈何成功呢。

在大学的期间，内敛沉稳的阿联喜欢上了大大咧咧的小楠，当然这是一场彻彻底底的暗恋。小楠似乎跟班里每个男生都是"兄弟"，她和所有男生都很聊得来，这让阿联捉摸不透她对自己究竟有没有好感。也因为这个原因，阿联一直都没敢对小楠吐露心思，舍友数次劝说他"该出手时就出手"，他却总说："万一被拒绝，连朋友都做不成了，还是算了吧。"

直到大学毕业，小楠也已经有了男朋友。在聚餐的时候阿联借着酒劲对小楠说："我暗恋了你四年，你怎么突然就跟他人走了呢？"小楠听后忍不住哭了："我等了你四年，我以为你不喜欢我。"

生活中不仅恋爱如此，很多时候或是突发奇想，或是策划良久，我们的脑海里都会出现一些迫切想要去行动的点子，这些冲动最终都被害怕失败一点儿一点儿地冲淡了。害怕失败让我们"间歇性地踌躇

满志,持续性地原地踏步"。

那么,失败的恐惧究竟是怎样来阻止我们的行动的呢?失败会让人情绪低落、信心受挫、怀疑自身。失败时,自身产生的一系列消极影响让人自然而然地想要去规避失败。除此之外,有时候一个人的失败会成为周边其他人嘲笑的把柄,由此而产生的羞愧、愤怒和耻辱也让人很难容忍失败的发生。

一件还没有发生的事情,之所以会让你提前为失败而担心,其原因不外乎以下两方面。

一方面来自自身的经历。曾经经历过的失败以及当时的失败给你带来的伤痛,在你的心里留下了深深的印象,让你在面对类似的情况时失去了再次尝试的勇气,因此对失败产生了恐惧。比如,曾经你喜欢过一个女孩,那时你俩很聊得来,你以为对方对你同样充满了好感,于是你鼓起勇气去表白,结果遭到了无情的拒绝,后来你俩不欢而散。这样的经历让你在遇到下一个女孩时不再有勇气去表白。

另一方面,事件本身的困难程度让你认为自己成功的概率很低,你不愿意为了那个微乎其微的希望去冒这个险。一般情况下,你在做一件事情之前不仅会从自身的经历中去寻求依据,也会在已经发生过的案例中挖掘信息。对于相对困难的事情,过往失败的经历总是远远多于成功的经历,极低的成功概率也是人们对失败产生恐惧的原因。

其实,无论是那种原因,你真正害怕的不是失败而是"不能一次性成功"。

因害怕失败而不敢去行动的人大都目光短浅,他们总是很轻易地就把那些没有一次就做成功的事情定义为失败,也很容易因为一个失败的结果而否定整个努力的过程,甚至是那个努力的人。

要知道这个世界上很少会有一次性的成功,每一个你所以为的一次性成功的背后，其实都有数不清的失败。不要轻易去相信一次成功的神话，也不要被失败吓倒。这里有几个小窍门可以帮助你克服对失败的恐惧，走出行动的第一步。

弄清你究竟在害怕什么

同一件事情，每个人对失败的恐惧是不一样的，同一个人在面对不同的事情时，产生的恐惧感也是不一样的，这时你需要弄清你究竟在害怕什么？把你害怕的因素一一列举出来，这时就会发现，有些你害怕的因素，当它以清晰明了的形式展现在你眼前时，它已无法再让你感到恐惧了。

而那些仍然让你感到恐惧的因素，你可以通过向自己发出暗示："没什么大不了的。"来克服那所剩不多的恐惧感。

重新定义成功和失败

做任何事情都会有失败的可能，既然如此，不妨在这件事情开始之前，将可能发生的失败定义为"未成功"而把成功定义为"失败够了"。用这样的眼光去做事，就相当于给自己提前打了失败的预防针。既然做好了失败的准备，在开始之前就不会再害怕失败了。

在你担心失败而不敢去行动时多想想这句——失败是成功之母。

6. 下定决心改变，就不要瞻前顾后

当眼前的现实让你彻底绝望时，我相信很少有人能做到马上着手去改变。大多数人都会先对当下进行一番深度的分析，在权衡利弊之后又会选择在忍耐和抱怨中维持现状。似乎我们都在躲避改变，所谓的分析和权衡利弊不过是在给自己的不改变找个理由罢了。

几年前民营资本进入影视领域，给影视行业带来一阵繁荣，这吸引了很多传统媒体从业者的加入，程岚就是其中之一。很快她就从一名普通的员工升至事业部的负责人，薪资也翻了两番。当初的同事兼好友魏敏非常羡慕程岚，表示自己也想加入，程岚就借机邀请好友加入。

魏敏陷入了两难的境地，一方面她抱怨体制内的种种不合理，另一方面又担忧新的行业只是昙花一现。经过一番自我挣扎，最后魏敏选择了在传统媒体中继续待下去。

过了几年，程岚又升职了，她所在的企业也成了明星企业，她就把自己当初从体制内走出来、从小地方来到大城市的经历写下来，趁着新媒体行业兴起的态势发布到了网络上。令人意外的是这些文章很快受到了年轻人的欢迎，程岚靠着新媒体又大赚了一笔。而魏敏仍然

在抱怨中按部就班地上下班。

对现实不满的人有很多，但最终做出改变的人却很少，大多数人都如魏敏这般在抱怨和消极中维持着现有的状态。这种行为很奇怪，一方面他们对现实表现出了极其的不满，另一方面却又不改变。导致他们逃避改变的是他们对改变的恐惧心理。

改变意味着未来的一切就都成了不确定，他们害怕改变从某种程度上来说也是对未知的一种恐惧。通过日常的遭遇，我们会在自己的大脑中构建出各种各样的模型，这些模型使之后的判断更加迅速。久而久之，就形成了依靠模型来做出判断的认知模式。但当我们遭遇到未知的事物时，在大脑中找不到相应的模型，而未知的事物又没有给出足够的信息让我们去构建新的模型，在这种情况下我们就会表现出不知所措，也就是对未知的恐惧。

我们除了害怕改变带来的未知以外，还在担忧改变对现有平衡的破坏。当下所处的硬性的物质环境和软性的人文环境都是我们所熟知的，我们熟知这个环境中所有的成文和不成文的规矩，因此在这个环境中我们能做到"从心所欲不逾矩"。可以说，我们和所处的环境共同构建起了一个平衡的状态。但改变的发生一定会在某种程度上打破这种平衡，平衡的打破会让人感到不适、焦虑。

当然，改变最让人担忧的还是失败的发生。大多数的改变更像是一场赌博，赌注是现在拥有的一切，赢了或许能名利双收，自己的人生也会从此迈上一个新的台阶；但输了就会失去所有的一切。因此很多人宁愿自己平凡一点儿也不愿去参加这个豪赌，他们认为自己"输不起"。其实，改变是一件有机遇也有风险的事情，当你过度地担忧失败时，就相当于人为地把失败放大了，这将直接缩减机遇带给你的鼓励，你也会因此而拒绝改变。

也有一部分人不愿改变是在等待所谓的最佳时机，他们总喜欢说："等到时机成熟了，再去行动才能确保万无一失。"其实，最佳时机这个概念本就很模糊，它更多的是一种理想上的状态，在实际的经验中我们发现，越是等待、越是追求一种理想中的完美，就越容易发现现实中的缺陷。最终，改变的行为在等待中被无期限地延后，直到改变被搁浅。

在改变之前，我们之所以会害怕、有顾虑，最根本的原因还是我们自身改变的欲望不够强烈。当改变的欲望在意识领域占据主导地位时，改变就成为了主要矛盾，而其他的因素都是次要矛盾。

在改变之前尝试着问自己以下这几个问题，能让你的改变更加坚决和果断。

改变可能带来的最坏结果是什么

很多时候，你所担忧的改变带来的后果都不够明确，它们只是模模糊糊地存在于你的意识之中，这些模糊的担忧会加重你的未知恐惧。针对这种情况，你需要把改变可能给你带来的最坏结果明确地说出来或写出来。

看着这个最坏的结果你需要追问自己："它发生的概率有多大？一旦它真的发生了，我能接受吗？"这些问题都将打破你的未知恐惧。

改变造成的不好结果可以挽回吗

在对改变的恐惧中，我们总是默认失败是不可挽回的，这是狭隘的"胜负二元论"在误导我们。在实际的生活中，失败并不代表着失去了生存的权利，或者说失去了活得更好的权利，失败了不过是从头开始。

问自己:"改变造成的不好结果可以挽回吗?"这个问题可以让你减弱改变时对失败的过度担忧。

改变能给我带来怎样的好处

我相信,在产生改变的念头时你就知道了改变能给你带来好处,你之所以迟迟没有去改变是因为这些好处还没有对你产生足够的诱惑力。这与改变本身无关,只是因为那些好处没有具体化、清晰化。

当你条理清晰地把改变给你带来的好处一一列举出来时,改变的好处就得以具体化和清晰化了,这个过程也在无意间提升了好处对你的诱惑,这样你的改变行为很容易因此而产生。

既然想要改变,就不要瞻前顾后,眼前没有什么好顾虑的,未来没有什么好担忧的,想改变,就去改变。

如何在一件事上坚持三年以上

进阶力 从被动努力到主动进取

第八章

1. 不要高估自己的定力

网络上流传着这样一句话：不要高估自己的定力，因为大部分人都没有正视过自己人性中的恶。通常与人的定力较劲的是人本性中的丑恶，但遗憾的是最后输的一方，大多是定力。

袁立刚工作没多久就买了一辆车，但钟爱"杯中之物"的他因为一次酒驾而险些酿成一场重大交通事故，事后他好一阵后怕，决定戒酒。

他先是把家里所有的酒都送给了亲戚、朋友，后来又在自己的努力和妻子的帮助之下把能拒绝的酒局都拒绝了。在那半年多里，他硬是一滴酒都没碰过。他以为自己已经戒酒成功了，于是就想找个机会来试一试自己的定力。

正巧，不久之后大学同学结婚，他如约参加了婚礼。婚礼上先是多年不见的老同学敬酒，他推推搡搡硬是没敢喝。紧接着新郎新娘轮番敬酒，这时袁立企图再次拒绝，但同学们在一旁起哄，一对新人也说"不能不给面子"，他只好喝了。在喝的时候他咬定"就此一杯"，但满满一杯酒下肚后，他就控制不住了，最后以喝得烂醉收场。

人的身上确实存在着定力,并且在一定程度上它也发挥了相当重要的作用。最典型的就是当你第二天有重要事情时,前天晚上你会关掉手机等一切对你具有吸引力的娱乐设备,早早地躺在床上睡觉。

定力就是我们常说的自制力,它指的是一个人对自身的行为、情感、欲望的控制能力。定力差的人常表现为:无法长时间做同一件事情;遇到外部影响,情绪波动较大,精神状态起伏也较大,以致影响身体协调能力、语言组织能力;短时记忆存在问题,在几秒钟之内会忘记之前所要做的事情、想说的话;等等。

人的定力差,有自身方面的内在原因,也有外在原因。

人的定力和肌肉的力量一样,存在着一定的上限。在这个上限之内你或许能抗拒诱惑,但如果诱惑不断刺激你的神经,突破了上限,你的定力将不再起到应有的作用。就好比你能举起30千克重的重物,但如果重物增加到60千克、90千克,你还举得起来吗?同样的道理,对于一个喜爱美食的人来说,如果一样美食他能抗拒,但当层出不穷的美食摆在他面前,不断地刺激他的神经时,他一定会把持不住。这是因为人的定力在一次次抵抗诱惑的过程中被消耗尽了。

值得庆幸的是,像人的肌肉所拥有的力量一样,定力不仅是可以恢复的,同样也是可以锻炼的。就像你在多次举起重物之后,你的肌肉力量会得到一定的增强一样,你的定力也可以通过合理的训练来提升。

以下方法可以在一定程度上帮助你提升自己的定力。

保持自己的身体有充足的食物供应

这里有个重要的前提,食物的供应必须是健康而又搭配合理的食物。有了充足的食物供应能够给你的大脑提供更加充足的能量支持。有研究表明,人的大脑在能量充足时,能抵御更多也更强烈的诱惑刺激。

与食物相对应的是睡眠，保持充足的睡眠，让人在精力和体力方面保持在巅峰的状态。除了早睡早起，保持锻炼外，你可以随身携带一些坚果，在需要的时候拿出来补充身体所需的能量。

通过一些小事训练自己的定力

定力是一个综合性的能力，它可以以具体地表现在生活的方方面面；反过来，定力也可以通过生活中多样化的事务得到锻炼和提升。比如你可以在办公室内坚持一个小时不跷二郎腿，坚持一周不吃零食，每天做30个俯卧撑，若干分钟的平板支撑，等等。

需要注意的是，在做这些小事情时，一定要保证定时定量。这些小事本身不难，难就难在定时定量。这是训练的关键所在，忽略了这一点，就不能算是定力训练。

拒绝诱惑

无论你的定力有多高，总有把持不住的那一刻，所以，与提升自己的定力相辅相成的是要学会拒绝诱惑。如果说提升定力是治标，那么拒绝诱惑就是治本。试想，如果诱惑从你的眼前消失了，还需要定力吗？

奖励自己

无论是自己的定力训练成功了一次，还是拒绝了某一次诱惑，都要在心里肯定自己的成绩，肯定之后还要对自己说："需要努力的还有很多，加油。"

人的定力是个有弹性的东西，时而强时而弱，提升定力的关键是要有抗拒诱惑的意识，在这样的意识的主导下，你才有可能抵抗和拒绝。

2. 为什么你总是半途而废

你想要学好英语，定好了计划每天提前半小时起床练习口语，但在坚持了一周后突然感冒了，医生说要多休息，借着这个机会，你就再也没早起过；看到他人的马甲线你羡慕了，你在健身房里办了卡，买了私教课，坚持练了几天后，因为太累所以打算休息几天再练，但是休息之后就再也没去过健身房了；有段时间你的气色很不好，医生说是熬夜的原因，你发誓从此要戒掉熬夜的习惯，连续早睡了一段时间后气色果然好多了，后来一部热播的剧打乱了你的计划，你的早睡就此半途而废了……

这样的例子数不胜数，如果要说一件每个人都很擅长，也做得足够多的事情，那恐怕非"半途而废"莫属。从小到大，我们似乎一直与"半途而废"为伍。但那些"半途而废"的事情，开始做的时候往往都是兴致勃勃的，为什么到最后会是这样的结局呢？

这需要从你开始计划的时候说起，回顾一下当初你开始的原因，就会发现，那些被你"半途而废"的事情都有这样一个共性：要么是因羡慕他人或追随潮流而开始的，要么就是迫于某种压力而不得不开始的。

那些因羡慕他人或追随潮流而开始的事情，大部分会在开始后发现这件事情并不适合自己，或者自己并非真的需要。比如，你看到朋友圈里有很多人都在晒夜跑的照片，照片中穿着酷酷的运动装，以及肆意挥洒汗水的感觉深深地吸引了你，于是你决定也加入这个行列，但开始了之后你才会发现，路边到处都是车，根本无法好好跑步，再加上，每次跑完你反而会难以入睡，这样尝试过几次之后你就放弃了。

而那些迫于某种压力而开始的事情，需要压力持续性地给你提供动力，逼着你去行动，一旦压力减弱或消失了，你的行动也就终止了。比如，考试之前的早起背书，你早起的动力就是考试给你的压力，等考试结束后压力没有了，你早起背书也就终止了，你也会很快恢复到睡到自然醒的状态。

以上这两种情况都属于内在动力不足导致的，无论是哪种原因都不是自发的想要去做某件事，所有外界提供给你的动力不是不够持续就是不够充足，没了动力的支撑，那就难怪会半途而废了。

情绪不佳也是导致你半途而废的一个重要原因。情绪不佳会导致人的体力不佳、精神萎靡，而坚持做某件事情是需要足够的精神和体力来支撑了，当这两者不能提供足够的支撑时，大多数的事情都很难坚持下去。

在你情绪不佳时，你会变得意志消沉、萎靡不振，也会以酗酒、熬夜、暴饮暴食来宣泄。这些行为恰恰是所有半途而废的起点。精神的萎靡不振让你终止了晨读，酗酒让你的戒酒计划成为泡影，一次熬夜让你再次回到以前晚睡晚起的状态，暴饮暴食也打乱了你的减肥计划……坚持这种事情一旦断了之后就很难续上了。

也有一小部分人的半途而废是因为心绪浮躁、急功近利。他们

在开始的时候本着很强的目的性，在坚持了一段时间之后发现没有达到当初的目的，或者与自己预期结果尚有不小的差距，经历了失望之后，他们便毅然决然地"半途而废"了。

针对以上的这些原因，下面的小窍门，能帮助你改掉半途而废的坏毛病。

只开始自己真正想要做的事情

在一件事情开始之前，问问自己"为什么要做这件事情"，如果你的答案是因为羡慕或者跟风又或者是迫于某种压力，那你大可不必开始这件事情，不是自发想做的事情大都会半途而废，少做一些这类事情，你做事半途而废的概率就会大大降低。

相应的，如果你遇到了自己真正想要做的事情，那么问自己"为什么要做这件事情"。这会强化你的动机，也会增强你的动力，最终你坚持下去的概率也会随之提升。

肯定坚持的功效

这是针对那些因急功近利而半途而废的人来说的。当你在某件事情上坚持了一段时间后，其改变都会往你预期的方向靠拢，你需要做的是尽可能去发现改变的存在，并强化它，这是一种鼓励，在鼓励的催动之下，你的坚持会更加容易。

变苛责为鼓励

因情绪不佳而想要放弃的时候，很多人都会狠狠地责备自己，这样做只会让你的坚持背负更多的心理负担。针对情绪不佳最好的办法就是鼓励，你要告诉自己："我很强大，没有什么能打败我，坚持下去吧，相信自己一定能做到。"积极地鼓励能在一定程度上改善你的情绪，也能给你的坚持注入温和的动力。

不要把半途而废简简单单地归结为没有毅力，要认认真真找原因，只有找对了真正原因，才能提升你坚持的成功率。

3. 自律是坚持的秘密

曾有人这样说："自律是解决人生问题最主要的工具，也是消除人生痛苦最重要的方法。"也许一个人半途而废的原因有很多，但让他坚持下去的秘密只有一个——自律。

阿城成功地从一所三流大学考进了国内某顶尖大学的研究生院，并且被录取的专业还是该校的拔尖专业。当身边的人都在羡慕他时，他的舍友们却在感慨自律的伟大力量。

从大一入学，阿城就立志要考那所知名高校，为此他开始了长达四年之久的高度自律生活。他坚持的事情很多：每天早上6:30准时起床，提前40分钟进入教室，学习英语；中午吃过午饭不回宿舍直接到教室看一个小时的书，再回宿舍午休半个小时；晚饭后直接到教室自习，直到晚上10:30才往宿舍走。

学习强度如此之高，他之所以能坚持下来是因为他的高度自律。

首先是作息上，他从不熬夜，宿舍一熄灯他立马睡觉。就算宿舍很吵他也会戴着耳机把外界的声音隔离开。其次是饮食习惯上，他不抽烟不喝酒，一日三餐也会尽量吃健康的食物，平时能推掉的聚会他统统都推掉。到了周末，他会连续两天晚上到操场上跑半个多小时。

这样高度自律的生活他几年如一日地坚持着。

自律指的是你可以克制自己的情绪而让自己去行动的能力，支撑着自律的有5个重要的因素：认同事实（Acceptance）、意志力（Willpower）、面对困难（HardWork）、勤奋（Industry）、坚持不懈（Persistence）。分别取出它们的首字母，构成了一个新的词组"A WHIP"，即"一条鞭子"的意思，同时它也揭露了自律的本质：鞭策自己。

与寻常人的坚持不同的是，自律的人一旦认定了一件事情，不管自己喜欢与否、愿意与否，都会逼迫着自己去坚持完成，这也是自律的人更能坚持的根本原因。如果说我们平常人坚持下去靠的是从心底产生的动力，那么自律的人坚持下去靠的就是产生于意识之中的"鞭策力"。

仔细观察一下那些自律的人你会发现，所谓的自律并不是某一件事情，而是一个体系，一个系统。自律大都是一种完整的生活状态，在这种生活状态下一切都按部就班，彼此互不干扰，这也为某件事情的坚持提供了充足的空间，不至于因其他事情而打乱原来的计划。

他们有能力把一天的时间完完整整地掌控在自己手里，一分不落地分配在一天中发生的所有事情上，这样一来，某件事情就有了一个固定的时间段，如果不去完成反而会觉得怅然若失。自律是一种能力，在这种能力的催动下整个生活状态也会形成一定的习惯，当习惯形成之后，坚持就变成了一种顺其自然的行为，不再需要过多的鞭策。

自律对于旁观者而言或许是极端痛苦的，但对于正在经历的人来说，自律是最大的自由。以下秘诀能让你变成一个自律的人。

制订21天计划

你可以先制订一个为期21天,每天3件事的短期计划,从短期开始控制自己的生活。比如,你决定早睡早起、读书、跑步,那么你需要提前在一张A4纸上画出一个22行4列的表格,列名分别为:日期、早睡早起、读书、跑步。

每一行都是当天的完成情况,用不同的符号表示完成和未完成,每一天都详细记录,对自己要求严格的还可以根据自己的完成情况,每天写下一句点评性的话。

互相监督

你可以加入一些志同道合的网络社群,也可以邀请同学、同事一起来进行这样的计划,彼此严格要求自己的同时也要严格监督对方。如果对方没有完成,要直言提出,让对方产生一定的亏欠感。

在互相监督中,除了彼此提醒,还要有彼此之间的鼓励。如果其中一位很好地完成了原定计划,或者两人都完成了原定计划,要互相奖励和鼓舞对方,以强化坚持下去的意志力。

摒弃不良的嗜好

每一个不良嗜好的背后都是人的各种丑恶的欲望,而这些欲望也正是你自律的最大天敌。如果你能摒弃掉那些不良的嗜好,那么你的自律生活将会变得顺畅很多,因为摒弃这些不良的嗜好本身就是一种自律的表现。

自律,只是在最开始时很痛苦,但从长远来看,它不仅是自由的,更是有益的。

4．真正牛的人都是在匀速前进

网络上流传着这样一句话：人生就像一场马拉松。刚看到这句话时我下意识地认为这句话强调的是最终结局的重要性。后来我才明白，结局不用过多强调，它早就由过程决定了。你看那些真正牛的人，在人生这场马拉松中他们也许跑得并不快，但他们能保持自己的速度始终如一地跑下去，这很关键。

小雨一直都很拼命，无论做什么，只要是决定要做就会拼了命地把它做完。在大学期间她修了两个学位，为了获得第二个学位，她在学校多待了一年。工作之后她更忙了，不是考各种各样的证书就是听各种各样的讲座。用同事的话来说就是："小雨不是在学习就是走在去学习的路上。"

小雨学习上有一个特点，她无论学什么都总是一开始风风火火，但过了这一阵就彻底将学习内容丢在了一边。几年过去了，小雨该有的证件全都有了，该参加的培训也都参加了，但她的工作能力并没有显著的提升。因此，履历漂亮的她在公司里也一直是不温不火，除了学习时的一股子劲头，在她身上再也找不到引起领导注意的素质了。

几乎所有人都有做事三分钟热度的毛病。刚刚接触一件事情的

时候,总是热情高涨,甚至能做到废寝忘食,在这个充满热情的阶段总能把自己所有的时间、精力和脑力都投入进去。而一旦这种热情褪去了,努力的程度也随之大幅降低,首先表现出的是时间、精力和脑力投入的大幅降低,接着在做这件事时的专注度也会大幅降低,到最后,这件事情很可能被搁浅了。

更为可怕的是,这种情形并不只在某一件事情上发生,久而久之,它甚至成了一种普遍现象。心理学上把能力定义为完成某一项目标或任务所表现出的心理特征。也就是说,当我们对一件事情只有三分钟热度而最终无法获得一定的成功时,做这件事情的能力也就无法完整地形成。

不能长久而平缓地坚持某种行为也让我们的学习始终都停留在一种浅层学习的状态,无法深入地、系统地学习。浅层学习大都只是停留在对某些知识的了解和记忆上,而深层学习则是建立在深度理解的基础上的思维模式的训练。所以,那些做事三分钟热度的人总是看起来什么都知道,但却什么都无法做到专、精。

某项能力得不到形成和浅层次的学习最终将造成能力的分散和达不到应用的标准。现在的工作分工越来越精细化,它更多的是要求某个人在某一领域能做到高人一等,而并不需要那些所谓的"全才"。一个能力多样的人在实际的工作中并不会比能力单一的人表现得更加优秀,这是因为实际工作需要的能力往往就是有限的那几种。

在实际的工作和学习中需要的是平缓而持续的输出。以下方法能帮助你训练平缓而持续输出的能力。

坚持做平板支撑

持续而平缓地输出是一种能力,也是一种习惯,一个人如果能在某件事情上做到持续而平缓地输出，那么他基本上就具备了这种能力，在其他事情上能否做到持续而平缓的输出就只是自我管理的问题了。

平板支撑是一种耗时短、收益高、随时随地都可以进行的运动，这项运动对于常坐办公室的上班族来说再合适不过了。这项运动锻炼的是一个人的腰腹力量，也就是所谓的"核心肌肉群"。长久坚持这项运动不仅能使你拥有平缓而持续输出的能力，也能使你的身体素质得到改善。

缩减执行任务的时间

当某一件事情能吸引你把自己的时间、精力和脑力无休止地投入进去时，这很容易让你感到疲倦，在疲倦之下你会对这件事情产生一些逆反情绪，这些逆反情绪又将影响到你下一次执行的开始。

针对这样的现象，你需要在一定程度上缩减任务执行的时间。具体操作上要根据你自身的身体状况来确定缩短的时长。你可以多次记录出现厌烦感时的时间，一段时间下来你会得出一个出现厌烦感的大概时长，在此基础上缩短半个小时，基本上可以确保你的整个执行过程都有良好的体验。

强化每次任务中收获的效果

每一次任务执行的开始与上一次任务的体验有很大关系，上一次任务中良好的体验和积极的反馈能促使这一次任务更好地开始执行。因此，强化每次任务中收获的效果将帮助你提升自己持续、平缓输出的能力。

在具体的操作上，你可以在每次任务结束时做个小的记录，或者

用简单的几句话来概括一下这次任务的收获。最好把这些记录和收获写在同一个本子或者同一张纸上,把它放在任务执行的地点,并时常翻阅一下,能使你获得及时的积极反馈。

人生就像一场马拉松,最后胜出的不是抢先起跑的,也不是最后加速的,而是一直都匀速前进的。

5．持续给自己成就感

相信你也有过这样的经历：追一个女孩时，如果对方一直都对你的付出熟视无睹，一段时间之后你就放弃追求了，但如果她偶尔被你的付出所感动，做出了一定的回应，你就会一直追下去。这是因为她的回应让你感受到了成就感，成就感既给了你希望也给了你坚持下去的动力。

新闻上曾报道过这样一个事件：北京某医院的一位妇产科大夫每天早上8:00坐诊，毫无间断地接诊到下午1:00。匆匆吃口午饭，到了午后1:30接着坐诊，又是没有丝毫间断地持续性接诊，直到晚上7:00吃晚饭。她一天可以接待900多位患者。有产妇需要剖腹产，不管几点她都要站在手术台上，亲自操刀。

这位样的工作二十年如一日，记者问她是怎样坚持下来的，她说："看到病人的病渐渐地痊愈，一个个健康的婴儿顺顺利利地出生，我就会产生一种成就感，身上就会有使不完的劲。"

在开始一件事情之前，都会有一种新鲜感，这种新鲜感让人开始了某件事情。但随着事情的逐步深入，新鲜感会逐渐褪去。这时，在事情的进行中遇到的困难就会一点点地显现出来，而长期坚持做某件事情本身就是一种痛苦，即便是你非常喜欢的事情，做的时间久了也

就渐渐麻木了，最终仍然会变成一种痛苦。

在困难和痛苦的交织折磨下，很多人都产生了倦怠感和厌烦感，倦怠感和厌烦感又直接导致了事情的半途而废。

缓解倦怠感和厌烦感的方法有两种：一种是获得荣誉，另一种是受到激励。这两种方法之所以能起到缓解疲倦感和厌烦感的作用是因为它们背后都有一种成就感。但这两种方法都存在一定的局限性，它们都是来自外界，并且自己无法去索求。这就很可能导致在你急需荣誉或奖励来缓解倦怠感和厌烦感时，无法及时地获得。这样最终的结果仍然是放弃。

但成就感并非只能从外界获得，由内而外也能产生成就感。从内心产生的成就感源自自身对于事件的积极评价。事情在坚持了一段时间之后，或多或少、或快或慢，都会朝着你预想的方向去靠近，不过度看重进度和速度，只要把注意力的焦点放在变化上，用积极的心态去肯定改变，你的内心就会产生一种成就感。

坚持做某件事情时，持续性地给自己成就感，并将其与目标分割结合起来，能起到更好的效果。在事情开始之前，经过统筹和分析把一个完整而又庞大的目标划分成阶段性的小目标，每完成一个目标都会产生一定的成就感，把这样的成就感放大化、实质化，你的坚持将不再以一种苟延残喘地姿态去苦苦支撑，而变成了一种充满活力的持续奋进。

以下方法能把你的成就感放大、实质化，在你坚持不下去的时候给你提供最充足的动力。

把成果"晒"出来

当你在坚持某件事情并有了一些小的成果时，要把它"晒"出来。你可以说给好友听，发到朋友圈，或者打电话告诉自己的父母长辈。可能有人会把这种"晒"理解成炫耀，但它和炫耀有本质的区别。

炫耀是建立在一种与他人的比较之上，炫耀的目的是为了获得优越感，而"晒"是和自己的过去作比较，"晒"是为了获得成就感。所以"晒"也是要注意方法的，如果你想要把自己的成果告诉他人，一定要选择那些真心能跟你分享成果的人，而不是那些"见不得你好"的人。如果你想"晒"到社交网络上，那你一定要注意措辞。

"晒"其实是把从内心产生的存在感外在化的一种行为，这种行为能把成就感放大。

学会庆祝

庆祝其实是一种成就感实质化的行为。当你为某件事情付出了一定的努力和坚持并取得了一些成果之后，根据成果的大小相应地庆祝一下。庆祝是把成就感变成了一种实质性的奖励，大的成果可以邀请他人一起庆祝，小的成果就用自我奖赏来小小地庆祝。

比如，你坚持早起跑步一个月之后你可以给自己做一顿好吃的，来庆祝自己这一个月的目标圆满完成；当你早起跑步坚持了半年，并成功瘦身了，你可以邀请最好的朋友一起为自己的改变而庆祝；如果你坚持每晚读书备考，最终通过了一次重大考试，你可以多邀请几个人来为自己庆祝……

坚持需要持续不断的动力，在坚持中给自己成就感就是在为自己的坚持提供源源不断的动力支持。

6．21天效应：让坚持成为习惯

我们总会产生这样的误解：坚持是一种需要依靠某种意识去驱动、依赖强大毅力去支撑的异常艰苦的事情。这样的说法只适用于坚持的初期。心理学认为一个人的行为、动作或想法在重复21天之后就会变成一种习惯，当习惯养成之后，坚持就变成一种自然而然的行为，将不会再感到痛苦。

工作之后，杨浩决定每天写一篇日记来记录自己的生活。为此他买了一支很棒的钢笔和一个精美的本子。他说："这样可以增加写日记的乐趣。"开始的几天，这样的乐趣的确让他把写日记当成了一种享受。但在那一周的周末，他和朋友玩到很晚才回家，杨浩精疲力竭地躺在床上，忽然看到了书桌上的日记本，想起今天的日记还没写，一股浓浓的烦躁之感瞬间填满了脑海。

但他转头一想："写日记还没有坚持一周，今天因为累了不写，明天也会因为其他的事情而不写，几次下来这写日记的计划八成就要泡汤了。"

为了把写日记的计划延续下去，他拖着疲乏的身体写完了当天的日记。在之后的一段时间里，他凭着这样的想法把写日记坚持了下来。即便是出差,他也会把日记写到手机的记事簿里,回家之后再抄写到本子上。

那段时间,每天写日记的确非常痛苦,但后来,写日记渐渐地成了他每天睡前必不可少的一件事情,偶尔不写反而会感到若有所失。

杨浩这样的经历每个人都曾有过,坚持做某件事情的时候,最开始都是倍受煎熬的,但随着时间的推移,这件事情会变成你的一种习惯,当坚持成了习惯之后就无所谓痛苦了,它成了你每天理所当然的一种行为,这种习惯一旦被终止了,反而会有一种不适感。正如日本作家古川武士在他的《坚持,一种可以养成的习惯》一书里提到的:当坚持成为一种习惯,被自己的身体接受之后,坚持就会很轻松了。把想要坚持的事情培养成一种习惯,也是确保坚持下去的一种好方法。

人本身就具有一种对抗新变化和维持现状的特性,这种特性让人过于贪恋已经形成的行为模式和思维模式,进而抵触新的东西,这是我们之所以不肯尝试新东西的原因。但如果我们把一种想要坚持的行为变成一种固有的行为模式,这种特性反而会帮助我们持续性地坚持这一行为。这就是我们所说的,把行为变成一种习惯。

把行为变成习惯是需要一定时间的,而时间的长短与习惯的种类有关。心理学家把习惯分为:行为习惯、身体习惯和思考习惯三类,这三类习惯的形成需要的时间分别为:一个月、三个月和半年。而在一种习惯的形成过程中,又必须经历三个不同的阶段,这三个阶段分别为:反抗期、不稳定期和倦怠期。

拿行为习惯的培养来说,这种习惯的养成通常需要一个月的时间。通常情况下,这一个月的前7天属于反抗期,接下来从第8天起到第21天基本上都处在不稳定期,而剩下的日子都是倦怠期。熬过了这

个阶段，一种习惯基本上就可以形成了。

针对习惯形成过程中将会经历的三个不同阶段，采用以下方法可以很好地度过每一阶段。

反抗期，选择一个舒服的开始

留给他人的第一印象往往能决定很多东西，以此类似，一个舒服的开始也能为这件事情的坚持打开一个良好的局面。在你决定要长期做某件事情后，不要着急马上去做，而是要先选择一个最适合做这件事情的环境，再挑选一种最佳的精神状态来保证这件事情的开始足够美好。

比如，你打算长期夜跑，那你就需要找一条环境优美、车辆往来不多的道路，挑选一个凉爽的夜晚，最好再准备一套舒适的运动装备，趁着心情大好的时候进行第一次尝试。第一次尝试后留下的良好印象会让你以后的坚持多一份动力。

不稳定期，设定例外原则

坚持某件事情总免不了会出现一些例外的状况，通常情况下，坚持因意外而终止后，人的内心会产生一种内疚感和负罪感，这种不良的情绪不仅对我们习惯的养成没有丝毫好处，还会让我们变得患得患失，从而阻碍恢复坚持。

我们还用夜跑的例子，比如，雨雪天气是无法进行夜跑的，这便是意外情况。所以我们需要定下例外原则：除生病和天气不允许外，坚持每天夜跑。

其实，设定例外原则不是给自己以放松的借口，也不是纵容自己，而是为了让计划保持弹性，这样更容易坚持下去。

倦怠期，多变动

倦怠期最显著的特点就是会有浓重的厌烦情绪，无论做什么，时间一久厌烦情绪都是不可避免的，这个时候，用一些小变化带来新鲜感能在一定程度上缓解厌烦情绪，刺激你继续坚持下去。

已经坚持夜跑了20多天后，夜跑也会让你感到厌烦。此时，你可以换一条夜跑的路径，或者买一双新的跑鞋来缓解厌烦的情绪。

把坚持变成习惯，在习惯中不知不觉地坚持，是坚持最美好的方式。

7．使用付费制，让沉没成本帮助你完成目标

经济学上有这样一个理念：人们在决定是否去做一件事情的时候，不仅是看这件事对自己有没有好处，而且也看过去是不是已经在这件事情上有过投入。我们把这些已经发生不可收回的支出，比如时间、金钱、精力等称为"沉没成本"。可以这样来理解：如果你在一件事情上投入过相当的成本，为了使成本不至于被浪费掉，你会把这件事情做完。

杨辉从小就对书法感兴趣，但小的时候没有好好学，现在他想趁着工作之余练练书法。当他决定了这件事情之后就着手购买各种各样的书法必需品，先买了几支毛笔和两瓶墨汁，又买来一方砚台和一大包宣纸，还四处购来厚厚一叠碑帖。看到别的书法爱好者还会雕刻印章，他又买来一套价值不菲的刻刀……

等东西都买全了后他的书法练习终于开始了，但没写几天他就感到厌烦了，那几个字反反复复地写，一点儿趣味都没有，这让他的心中萌生了放弃的念头。但每当他看到书桌上那些价值不菲的笔墨纸砚时又会感到可惜。

本着"不浪费"的心态，杨辉坚持把那一大包宣纸全都用完了，这足足花了他一个半月的时间。这时，练书法不再让他感到厌烦，他反而喜欢上了写字时的那种心平气和，从此每天临帖成了他的一种习惯。

如杨辉这种为某种商品或劳务支付过成本后，便会增加该商品或劳务的使用频率的现象称作"沉没成本效应"。这是因为人在确认了一个损失之后，这个念头便会在他的脑海中萦绕不去，每次想到它的时候，它只会比之前变得更加沉重，为了摆脱这种沉重的负罪感和内疚感，他不得不用行为来让之前投入过的成本发挥其应有的价值。

从我们大多数人的思路出发，这是一种"不浪费"的行为。从小我们就被灌输以"浪费可耻"和"物尽其用"的观念，小时候家长和老师都告诫我们本子的背面可以用来做草稿纸，一定要用完才能丢弃；铅笔和橡皮都要用到握不牢、捏不住为止；吃饭一定要把碗里的米粒吃得干干净净……在这样的熏陶下，我们也就习惯了要让投入全都得到应有的回报。最典型的案例就是我们每次吃自助餐时总要吃到实在吃不下了才肯走出餐厅。

这样的习性可以被我们加以利用，让它起到好的作用。如果我们打算做某件事情，却又担心自己会半途而废，此时便可以利用这种"沉没成本效应"来促使自己坚持下去。事情开始之前，先投入一定的成本，等到坚持不住想要放弃的时候就用付出过的成本来提醒自己："一旦停止，那笔付出将全都被浪费掉。"

当然，沉没成本效应的背后也有一些起主导作用的因素，我们把这些起主导作用的因素归纳为"初始投资"和"心理预期"。初始投资的大小直接决定了沉没成本效应对你产生的影响力的大小，比如，你不会因为一副普普通通的羽毛球拍被搁置而心生自责，而当你买了一双价值不菲的篮球鞋却没穿过几次时，就会产生强烈的自责感。

心理预期指的是，在投入成本时预期收到的效果，当你的预期效果对你具有诱惑力时，你会毫不犹豫地投入成本，而当你在坚持的途

中打算放弃时,预期效果的诱惑,成本投入的自责会交织起来促使你坚持下去。比如你为了塑形,毫不犹豫地在健身房买了一个昂贵的私教课,在健身中每当你想要放弃时,你一想到塑形后完美的身材和当初那笔不菲的投入,就会坚持下去。

针对"初始投资"和"心理预期"这里有两个小窍门能让沉没成本效应给你的坚持提供更加强大的动力。

加大初始投资

加大初始投资是增加沉没成本效应影响力最直接的方法。在你接受能力的边缘,投入尽可能多的成本,将会对你产生更加明显的督促作用。利用这个原理,你还可以在坚持的过程中,持续性地付出成本,让沉没成本效应产生的影响力持续性地影响你。

你需要做的就是把每一次投入的成本都条理清晰地罗列统计出来,写在一张纸上,贴在你做这件事情必去的一个醒目位置。

放大预期并将其实质化

与加大初始投资类似,放大你的预期效果能让你得到更加强烈的刺激,这将给你的坚持带来更加充足的动力。你需要做的是把你的预期效果放大后再将它实质化,并写在统计成本的纸上。

在将预期目标实质化时,你可以多写一些描述性的语句,或者贴一些直观的图片。拿瘦身来说,你可以写一些变瘦之后的好处,或者把一些身材好的人的图片贴在纸上,这能给你的视觉和神经带来更大的冲击。

如果将一直以来被我们所提倡的"物尽其用""勤俭节约"用在坚持上,成本的付出将为我们的坚持注入更多的动力。

8．坚持有多难，收获就会有多大

在"知乎"上看到过这样一个跟帖，一位父亲用手机把孩子三年来学画画的成果一一记录了下来。这位父亲的跟帖图片非常多，都是孩子不同阶段的画作。

第一张图片是这个孩子引起他父亲关注的一幅作品，那时候他学画画已经半年了，老师为了让家长们知道这半年来孩子的进步情况，特意办了一个小小的画展。画展中其他孩子的作品都有模有样，最起码看后会你知道画的是什么东西，而这位孩子的作品只能算得上是涂鸦。

后来孩子又画了一幅画拿给他的父亲看，并对父亲说，这幅画其实是在讲一个故事。父亲借着询问儿子故事情节的机会向儿子提出了以后每天画一个"故事"的要求，儿子也欣然答应了，从此儿子开始了长达三年之久的"画故事"，而父亲也开始了长达三年之久的记录。

跟帖的结尾是一连串孩子近期的画作，其中一幅名为《The Dream World》的原创画作被选入了2017年上海市学生书画大赛，并获得二等奖。

几乎每个人都知道坚持是一件有好处的事情，也曾无数次地劝

解过他人要坚持，但你有没有考虑过坚持带给我们的好处究竟是什么呢？或者说，坚持只是能让我们达成愿望吗？其实不然，坚持带给我们的要远比我们想象中的更加丰富。

坚持的本质就是长时间重复某种行为。这里值得注意的是，任何一件事情或多或少地都会占用一定的时间，很多时候人每天所面临的事情是不可控的，这就导致了很多时候你原先用来做某件事情的时间被其他突发事件占用了。这样一来，你的坚持很容易就会被终止，而能做到坚持的人大多具有很强的时间管理能力。

也许从一开始，他们并不具备这种能力，但随着坚持的一步步推进，他们会逐渐尝试着去管理自己的时间，以此来让自己的坚持得以继续，久而久之，时间管理的能力就在不知不觉间提升了。与时间管理能力一起提升的还有精力管理的能力。精力管理能力提升的原理和时间管理一样，都是通过管理自己来为坚持服务。

相对于时间管理、精力管理这种看不见的能力，坚持带给我们最直接的好处就是使我们对某一领域的理解逐渐加深。广为人知的"一万小时定律"其实也就是一种坚持，一万小时的坚持让你从一个门外汉变为某一领域的专家。这种转变会以薪资提升、职位提升、社会地位提升等形式表现出来。这些东西也正是我们坚持最原始的出发点。

但坚持并不是一件容易的事情，它的不容易主要体现在事情的不确定性和长期重复一件事情所产生的倦怠感。我们都曾有过这样的经历：本打算长期控制自己的饮食，但突然来了一次聚餐，餐桌上的美食很诱人，朋友们的好意盛情难却，你坚持了很久的控制饮食就被打破了，第二天你虽然陷入了深深的自责中，但从此再也没有控制过饮食……这个案例道出了一个本质的问题：突发性的事情往往在你倦怠感最强的时候出现。

针对这种情况,以下的方法能帮助你在坚持的时候更好地应对突发情况,更好地处理倦怠期。

设立容错机制

突发事件之所以能终止我们的坚持,一方面是因为它打断了原有的计划,在计划停止中我们的惰性得到了释放;另一方面是因为我们会因某一次的中断而陷入自责,进而影响到以后的坚持。

在这种情况下,最好的办法就是设置容错机制。"容错"本是互联网行业中的词汇,容错的目的是为了让计算机迅速从错误运行中恢复到正常运行。我们坚持的行为也一样,容错机制的确立可以避免你因终止而产生自责的心理,又能在一定程度上克制你的惰性。具体操作上你可以在原定计划表中加入一些"例外",比如,在控制饮食中,聚餐是例外。

实时记录

在坚持的过程中,取得的成果带来的积极反馈能很好地缓解坚持中的倦怠感。记录其实就是把成果具体化的一种行为,你在记录时把坚持的行为具体化为实际的数字,这些数字有的时候能起到增强积极反馈的效果。

比如,你每天坚持走10000步,一个月下来,你把每天走的步数加起来,写到纸上"300000步",这个庞大的数字会提升你的成就感,同时消除坚持所带来的倦怠感。

坚持的痛苦不是每个人都能忍受的,就好比坚持带来的成果并不是每个人都有机会品尝的。

第九章

提升自我竞争力

进阶力：从被动努力到主动进取

1. 年轻人,别急着说自己不喜欢某某工作

年轻的我们总是把"喜欢和不喜欢""擅长和不擅长""有天分和没天分"等挂在嘴边。喜欢、擅长、有天分是我们行为的出发点,而不喜欢、不擅长和没天分就成了我们拒绝做一些事情的理由。但是年轻的我们真的了解自己吗?那些我们认为喜欢的就真的喜欢吗?那些被我们认为没天分的就真的没天分吗?

王琛对篮球一直很感兴趣,从小学五年级开始接触篮球,一直玩到大学,他在篮球上投入了很多心思也花费了很多时间,再加上他一米八五的身高,这让他靠着篮球在他们那座小城市和大学里都有了一些小名气。他认为自己对篮球足够热爱也拥有足够的天分,因此,刚上大学时,他的目标是进入校篮球队,毕业后打进中国职业篮球联赛。

但当他信心满满地跟着学校的篮球队与其他学校对决时,他突然发现大学生篮球界里真是卧虎藏龙,比他热爱篮球还比他有天赋的大有人在,于是他决定放弃篮球这条路子。

毕业后因为工作的原因,王琛不得不去学他丝毫不感兴趣的市场营销。刚开始,他真是硬着头皮在学习,但学着学着就发现,原来这

市场营销也挺有意思的。渐渐地，他在这方面投入的心思越来越多，现在他做了一名市场营销方面的培训讲师。

沈嘉柯说："你要搞清楚自己的条件，自己的个性，自己的能力，你才会真正知道，你自己究竟在这个世界上，站在什么样的位置，你究竟是一个什么样的人，你以后会抵达什么样的成就。"但我们真的"搞清楚自己"了吗？我们又是靠什么来"搞清楚自己"的？

一般情况下，我们的认知来源于他人的评价和自我的感知两方面。但无论是他人的评价还是自我的感知都很容易把主观性的成分掺杂进去。他人对你的评价或是褒奖过度，或是贬斥过度，很少有人能够公正地对你做出评价，你对自我的认知更是如此。这最终导致自我认知的片面性和局限性。

导致这种情况出现的另一个原因是外界和自身在对我们做出评估时，只参考了我们平日里普通的表现，而没有进行深入的分析就妄下论断。

人对自我的正确认知需要建立在大量尝试和深入分析的基础上，当然，我们无须用科学实验的标准来进行自我的认知。但多尝试一些工作，深入地感知自己的能力和兴趣究竟在哪里，是一个人在他的职业生涯前期必不可少的一个环节。

我们刚刚进入这个复杂的社会，难免会有一些自发产生或外界灌输的"生涯规划"意识。迷茫的我们总在急着为自己的人生定性，但人生不是规划出来的，就像你永远不知道在下一个路口会遇见谁，你永远无法预计你的人生将会以怎样的姿态延续下去。过早地为自己定性很可能把自己带入一条死胡同。

年轻人需要在不厌其烦的尝试中不断地发掘自身潜力，不断地摸索前进的道路，以下两个方法能帮助你在尝试中更明确地找到自己的发展方向。

你常常提到哪些名人

一个人如果对某一领域非常感兴趣，就会自发地去了解一些相关的信息，这就免不了熟悉一些业界的名人。这些名人的事迹和案例对你有着巨大的冲击力，你会不由自主地把他们的事迹和案例挂在嘴边。想一想自己常提到的名人，可以确定自己感兴趣的领域。

如果你常常说到某某知名导演，则你的兴趣点在影视；如果你喜欢引用雷军、李彦宏、马云的案例，那么你的兴趣点或许在科技和创业；如果你常提到严歌苓、王小波、张爱玲，则你的兴趣点在文字；如果你常说到咪蒙、六神磊磊，那么你的兴趣点在自媒体……

你的特长

特长并非是自身所有能力和技艺中最突出的一项。特长必须是拿你的某一种能力或技艺与同行的人进行比较。比较之中要给自己在行业中一个清晰的定位，而这个定位一方面是对你现有素质的评估，另一方面是衡量你在这方面投入和收获的比例。

除此之外，还要评估自己在这一方面能否长期坚持下去，哪怕是在短期内不会有明显收获的前提下。如果这样的情况你无法忍受，那么这一方面将不能成为你发展的方向。要知道所有的成果都需要经过一番艰苦的努力才能获得。

包括你自己在内，没有人能确切地知道你的能力究竟在哪里。任何人生规划都是不切实际的。你需要用不断地尝试和比较去打开属于自己的那扇人生之门。

2. 目标足够坚定，才有实现的可能

刘同的《谁的青春不迷茫》一书十分畅销，这个书名就一针见血地指明了所有年轻人共有的特点——迷茫。处在一个前所未有的激变环境下的我们更是如此，我们不知道自己的未来是什么样子的，更加无法想象这个世界的未来。但越是不确定，越需要坚定自己的目标。

赵岩的专业是影视后期，大学毕业后他来到北京并且很顺利地进入了某影视公司干起来了自己的本行工作。一段时间之后他发现每天对着电脑不停地整理那些杂乱的素材，还经常熬夜加班，这样的生活根本不是自己想要的。

偶然的机会，他看到某微信公众号在征集一些有趣的故事，他尝试性地把自己的一些经历写下来并投递了过去，没想到这个故事很快就突破了"10万+"的阅读量，故事下面的评论也是叫好连连。赵岩就想："我是不是也可以自己注册一个账号写点文章呢？"

抱着玩一玩的心态，赵岩注册了一个今日头条号，每周都会在里面写几篇文章。令他意外的是，这些文章的阅读量越来越高，他竟然靠着这些文章获得了收益，并且收益越来越高，甚至直逼他的薪水，他决定辞掉工作专心做自媒体。

现在他的微信公众号和今日头条号都俘获了大量的忠实粉丝，他靠着优质的内容也获得了相当不错的收益。

互联网时代，年轻人所面临的一个是挑战，一个是诱惑。

在互联网的冲击下，一些原本被认为是牢不可破的行业变得岌岌可危，这是一个挑战。正因为这样，所以年轻人很容易见异思迁，看到这个行业的人赚得盆满钵满就欣然投身其中，看到那个行业势头正旺就立马跳槽。这直接导致的是我们在每一个从事过的行业、每一个工作过的岗位都无法做到优秀，几年后自己仍和刚刚进入社会时没什么两样，仍然是一个平庸的人。

其实，虽然每个行业都充满了不确定性，但不要忘了，那些新兴的行业也并不是没有任何根基地突然出现的，每一个行业都在演变，这意味着你所拥有的能力和掌握的技术并不是在一步步地被淘汰，而是在渐渐地发展、在演变。以往的工作经验仍然是你最珍贵的财富，凭借以往的经验，你仍然拥有强大的竞争力。

年轻人不要总是担心自己的行业被淘汰，沉下心来，专注于一个目标，做到他人无法企及的高度，你就能成为这个时代稳定的弄潮儿。比如，都说现在武侠小说不再受欢迎了，但六神磊磊仍然凭借"六神磊磊读金庸"成名，这是因为他能够把金庸小说和时下最受欢迎的文体结合起来，并把文章写到了极致。

现在，我们在大力提倡"工匠精神"，而工匠精神是指工匠以极致的态度对自己的产品精雕细琢、精益求精、追求更完美的精神理念。简而言之，就是把产品做到极致，以超高的品质、精湛的工艺来获得竞争力。这对于我们个人的发展同样具有深刻的指导意义。无论你从事哪一行，只要做到足够专注，长久下去你都将成为这一行中顶尖的"工匠"。

以下方法能让你对于自己的目标更加专注。

紧追行业动态

今天,我们之所以对自己的目标不够专注,一定程度上是因为这个行业中充满了不确定性,而不断兴起的其他行业又对我们产生了致命的诱惑。针对这样的情况,我们需要紧追行业的发展趋势。明确了行业的发展趋势会消除你的恐慌感,这样一来,你就不会再见异思迁了。

紧追行业的动态可以通过关注一些行业内典型的微信公众号、加入一些相关内容的群聊、听一些行业内的讲座等来实现。

杜绝其他尝试

在一件事情上,最容易获得成就感的阶段是做这件事情的初期,我们很容易被浅尝辄止的成就感迷惑,认为这才是我们应该努力的方向,进而选择转行。避免这种现象出现的方法就是认定某一目标后就不要再进行其他尝试,从根本上杜绝其他可能性对我们产生的诱惑。

了解一些行业精英

对行业精英的了解可以强化我们专注的意识,他们的成就给了我们坚持下去的美好希望,既能在我们想要放弃时给我们一些动力,也能在我们见异思迁时帮我们抵御诱惑。

对行业精英的了解可以通过多种方式,比如,你可以读他们的个人传记,读他们写的一些文章,也可以读一些与他们相关的文章。如果有机会,你可以听一场他们的演讲。

在激变的时代不要被那些所谓的"新鲜事物"欺骗了,从来不会有无源之水,把事情做到极致,你可以应对一切改变。

3. 敢不敢归零，从头再来

李小龙说："清空你的杯子，方能再行注满，空无以求全。"一个装满水的杯子，如果想要让它再装满酒，就必须把杯中的水全部倒掉。人也一样，如果想要在新的环境中取得更高的成就，就必须抛弃之前所有的荣誉，一切从头开始，虚怀若谷方能海纳百川。

被誉为"体操王子"的李宁，在赛场上创造了世界级的神话，在他的整个运动生涯中，先后获得过14次世界冠军的头衔，获得了100多枚金牌。在颇具传奇色彩的1984年洛杉矶运动会上，他更是以三金两银一铜的绝佳表现成为了中国单届奥运会上获得奖牌最多的运动员，"体操王子"的美誉也由此而来。

从赛场上退役后，他沉静多年，再次出现在人们视线中时他已经是一位成功的民营企业家。今天随处可见的"李宁"运动品牌就是这位昔日"体操王子"的创业成果。现在的"李宁"运动品牌，无论是从自主研发的角度还是从品牌认可的角度，都占据着国内运动品牌的"一把手"地位。

从一个行业的巅峰走向截然不同的另一个行业的巅峰，这不是一个简单的平移，而是一个由上到下，再由下到上的过程。在这个过程

中,人需要抛弃之前所有的荣誉和地位,一切从头开始。更为可怕的是之前的一些用血汗换来的经验也都需要一一丢弃,就像一个杯子,只有把里面原来装着的东西全都清空才能装进更多新的东西。

心理学上把这样的心态称为"空杯心态",它指的就是放弃过去的一些东西才能更好地迎接未来的东西。在过去的东西里,最不容易被放弃的是过去的荣誉和成就。一方面,过去的荣誉和成就会让人变得自满,带着这种心态去迎接新时代,接触新环境,很容易让人放松警惕,更无法忍受他人的批评。另一方面,过去成功的经验很可能被我们奉为"金科玉律",但这些所谓的"金科玉律"在新时代、新环境之中并不适用。两方面一结合,用并不正确的方式去做事,又无法忍受他人的批评指正,最终将无法达到预期的效果。

在新的时代、新的环境中,都需要经历一个纯粹的学习过程,在学习的过程中你需要抛开自己固有的思维模式和认知模式,以一种"空杯"的状态去接受最纯粹、最本真的新事物和新知识。做不到"空杯"就无法保证"纯粹",就像一个盛满水的杯子,如果不倒掉杯子里的水,就去装酒,只会影响酒的品质。

当然,所谓的"空杯"也并不是把过去的东西全都抛弃和否定。"空杯"其实是一个扬弃的过程,也就是留下好的,丢掉坏的,让好的东西在新时代、新环境之下重新焕发出生机。"空杯"的目的是为了在新的时代下、新的环境中获得更高的成就,而过去的一些优秀的东西能帮助我们更加容易地达到这个目的。

"空杯"还是一个净化心灵、开拓视野的过程。因为时代的特性,也因为自身的局限性,我们的身上总会留下前一个时代特有的印记,这就会让我们与如今的时代产生隔阂,而"空杯"就是一个更新灵魂的过程。被更新过的灵魂能更好地融入到新的时代中。

以下方法能让你的"空杯"更彻底，让你在新的时代下、新的环境中更加高效。

养成看新闻的习惯
你可以用手机看各个平台、网站推送的新闻。针对你感兴趣的领域和发展的方向，持续性地追踪这方面的新闻。当然，时政类的新闻能为我们的前进提供指向标，对时政新闻的关注时刻都不能放松。

和年轻人交流
所谓的年轻人只需比你年轻即可，你们彼此之间相差的年龄越大，你的收益就越高。在和年轻人交谈的过程中你会清晰地感受到你们彼此之间存在的各种不同，而他们正是这个时代的缩影，他们想的问题正是这个时代的问题，他们的需求也是这个时代的需求。数次交谈过后，你将无限地接近这个时代。

参加一些交流会
交流会中往往会出现一些相对杰出的人，他们代表着更高的水准，也常常能把握到行业最新的走向，在交流会中你能收获到很多实实在在的东西。

带着旧的去拿新的很容易让新的不伦不类，想要在新的领域有所成就就要狠下心去放弃旧的。

4．把握不确定中的机会

新事物出现后外界对它的评价总是褒贬不一，面对两种完全不同的舆论氛围，人们很难做出选择，是抵触它还是接受它？不确定性蕴藏着风险，但也是不确定性让你有了选择的余地，才让你有先别人而行的机会。

马云说："我一路走来备受质疑，许多人怀疑它，拒绝它，诽谤它，这就是新生事物。如果每个都认同了还轮到我们做吗？每个新生事物都是在非议中成长的，要成就一番事业需要超前的眼光，敏锐的触觉，就是要做一些别人暂时不敢做的事，才能把握住先机。当别人明白了，我们已经成功了；当别人理解了，我们已经富有了。"

在做中国黄页的时候，亲朋好友都反对他，为了给他们证明互联网的存在，马云邀请朋友们喝酒、看电视、打牌，足足等了三个半小时网页才出来。

后来创立阿里巴巴，马云的B2B模式也被人误解和非议，认为他是异想天开。马云不厌其烦地演讲，在各国之间飞来飞去，甚至一个月能飞三次欧洲，不断地跟人讲解自己模式的好处。在他的不懈努力下终于有了回报。如今再也没有人说他的模式"垃圾"了，大家纷纷鼓掌祝贺马云成为中国互联网界的奇才和领袖。

因为人们固有的观念原因，很容易对新事物产生怀疑甚至是反对。这固然是因为人的思维都有一定的惯性，但也与新事物的不确定性有关。在以往的经历中，人们已经看够了那些昙花一现的新事物，它们风风光光地出现，但也转瞬即逝，真正能够改变人们生活的寥寥无几。

久而久之，新事物带来的转瞬即逝的影响让人们麻木了，一件新的事物出现了，人们不再热议，也不再追捧。大家在等，等它转瞬即逝也等它变得稳固可靠。转瞬即逝的成了大众茶余饭后的谈资，逐渐稳固的大家现在再去追也不迟。但等到新事物稳固再去追真的不迟吗？

每一件新事物的出现都很可能让整个行业重新洗牌，这是一个大浪淘沙的过程，这个过程中一切都是不确定的。新事物的出现打破了旧的行业规则，让那些原本具有强大优势的团体或个人失掉了他们固有的优势，所有的竞争者都站在同一起跑线上，这个时候，谁能把握时机谁就能在新一轮的竞争中胜出。

以前，在功能机的时代，大街上最常见的手机是诺基亚和摩托罗拉，HTC在那时并不被大多数人所熟知。当智能手机兴起时，HTC一跃成为亚洲最杰出的智能手机品牌，那时候的华为靠的还是低端产品。今天，华为已经拥有了自主研发性能强大的处理器，成为了世界级的智能设备制造商，而HTC却日渐衰落。

在这个大浪淘沙的过程中，让行业重新洗牌的，一个是智能操作系统，一个是全新的手机处理器。这两样新事物的出现，带来了两次行业内部的剧烈变动，变动给那些相对弱势的群体带来了翻身的机会。

新事物的出现带来的不确定是挑战也是机遇，处在这种挑战与机遇交织并存的环境中，能脱颖而出的都是敢于冒险的。接受新的事物，一方面需要抛弃一些固有的思维，另一方面需要进行一些新的尝试。无论是抛弃还是尝试，损失都是不可避免的，但有失才有得，敢于承担风险才有可能获得收益。

以下方法能让你在变动之中笑到最后。

全面地尝试

当你不知道未来将会被哪个新事物改变时，你可以全面地尝试行业内出现的每一个新事物，这样做可以确保你不错过行业内的每一个机遇。

充分发扬自己的优势

这是一个精益求精的时代，当你不知道未来会是什么样子的时候，你可以把自己的优势发挥到极致。新事物不可能凭空产生，改变也不可能瞬间就彻底完成，新事物一定是在旧事物的基础上逐渐演变的，当你把自己的优势发挥到极致的时候，新的事物就可以被你随心所欲地拿来使用，彼此一结合，就成了你的独到之处。

时刻关注业界动态

新事物对行业的改变是一个相对比较慢的过程，这个过程给了你足够的调整时间。时刻关注业界的动态，能在发现业界的改变时及时地去调整，这样能确保你不至于落后太多。

别用狭隘的眼光去看待那些不确定的东西，宽容地去接受它。正是不确定给了你改变命运的机会。

5．保持对新事物的敏感性无比重要

看看你身边50岁上下的人，就会发现这些人基本上在以两种完全不同的方式生活着。一部分人的生活状态接近老年人，这部分人对智能手机的操作仍停留在功能机阶段；而另一部分人的生活状态和30多岁的年轻人没有多大差别，他们会使用智能手机的各种功能。对新事物的敏感度决定了这两种截然不同的生活状态。

沈岚的家距离她报名的健身房大约有两公里。这是一个尴尬的距离，打车太浪费，步行又太远。在健身房报了名后也就没去过几次。

一次沈岚在健身房练完，教练就问了起来："这么贵的班，你怎么都不来啊？"沈岚不好意思把自己的尴尬处境告诉教练，就随口说正在打算买自行车，有了自行车以后应该会天天来。教练听罢吃惊地说："为了来健身房而买自行车？不用啊，路边那么多共享单车，扫码就能骑，多方便啊！"

沈岚从健身房出来后尝试了一下扫码骑共享单车，果然方便。她在骑车回家的路上看到来来往往的都是这样的共享单车，才意识到自己已经落伍了。

从哲学的角度讲，新事物是指符合事物发展的客观规律和前进

趋势、具有强大生命力和远大前途的事物。也就是说新事物代表着未来。从我们大众的视角来看，新事物是刚刚出现，还未被大多数人接受的事物。这些事物一旦普及很可能会彻头彻尾地改变我们的生活。这样说来，新事物代表着未来是没错的。

不用回顾历史，单就回忆你有记忆的这些年，就可以充分地感受到接受新事物到底有多重要。我们都亲眼见证了一代移动通信巨头诺基亚的衰败，很明显，诺基亚的衰败就在于没有及时地采用安卓系统。从个人的角度来看，你会发现在父辈人中，能很好地操作电脑的人的收入要明显高于不善于操作电脑的人。

新事物代表着未来这个道理谁都懂，但并不是所有人都对新事物有高度的敏感性，也不是所有人都愿意去接受新事物。我们都会有这样的看法"年龄越大越是古板，也越是不肯接受新的东西"。

年龄越大的人，他们自身所形成的思维习惯、认知习惯以及行为习惯就越是牢固。他们就像一堵墙，会随着年龄的增长而变得越来越厚、越来越高，这其中包含着他们对自我人生的总结。而新事物大都与他们固有的思维习惯、认知习惯和行为习惯相冲突，冲突之下他们宁愿相信自己用半辈子总结下来的经验，而不愿意轻易地去接受新的事物。

新事物的更迭总是很频繁，用"一波未平一波又起"来形容是最为形象的，在一波接一波不断出现的新事物中，最后能真正融入我们生活的寥寥无几。其实，并非他们对新事物不够敏感，只是他们不愿意做一些不必要的尝试。

但机会永远都是属于那些敢于去尝试的人的，当初微信公众平台刚刚推出，那些敢于尝试的人在这里面都狠狠地赚了一笔。由此开始，那些自媒体达人就再也不愿意放过任何一次尝试。

可以说对新事物的接受能力决定了一个人的收入和他的发展前景，以下方法可以提高你对新事物的敏感度。

及时地尝试

我们发现，新事物的出现总是一代接着一代的，而错过了一代的人对新一代的出现也就变得麻木了。相反，如果你能一代一代地"紧跟着"，新一代的出现就会对你产生巨大的吸引力，这样一来，你对新事物的敏感度就提升了。

这方面最典型的案例就是看电影，如果某个系列电影你每一部都看，你就会格外地关注它最新的一部。及时地尝试新鲜的事物，能让你对新的东西形成一种渴望的惯性。

保持好奇心

人对新事物的敏感度与自身的好奇心有着极其密切的关系，可以毫不客气地说，正是好奇心在驱使人们去体验新的东西。保持好奇心的关键就在于保持一个相对有活力的身体。让身体保持活力一方面是要经常性地做一些有氧运动，另一方面是要让大脑保持活力，偶尔做一些逻辑推导方面的练习可以让你的大脑保持活力。

无论何时都不要对新事物丧失兴趣，因为你不知道它将会给这个世界带来怎样的变化。

6．与外界发生冲突时，学会改变自己

世界在不停地变化着，世界上大多数的人也在随着世界的改变而改变，当身处其中的我们一成不变时，难免会与这个世界格格不入，也避免不了和世界中的人发生摩擦。只有改变自己才能和谐地融入到这个世界里，正如英国现实主义小说家托马斯·哈代说的："人的生命就是不断地适应再适应。"

宋棋是个纯正的东北人，毕业后他来到南方工作，但刚到几天他就生病了。医生说他这属于水土不服，然后给他开了一些药来缓解病痛，但水土不服还需他慢慢适应。

病好了之后他发现水土不服还不是最难熬的，最让他难以忍受的是南方人普遍都细腻的心思。因为习惯了大大咧咧，所以他总是在不经意间就得罪了身边的人，从公司里的同事到一起合租的室友，他与他们处得都不是特别的融洽。南方的饮食习惯也让他很不习惯，他经常性地吃不饱，还总是嫌弃南方的饭菜量太小、味太淡。

每次和朋友聊天他都会抱怨南方城市如何如何的不好。一次，他的朋友说："那能怎么办，要不你就回来，不回来只能让自己去适应了呗！"这句话一语中的，点醒了宋棋，他不再抱怨，渐渐地让自己去适应南方的一切。现在他已经很好地融入了南方城市的生活中。

当你与环境发生了冲突，而环境又不可轻易改变时，你只有通过改变自己来适应环境。这个道理大部分人都懂，但却很少有人真的去做，这并不是因为他们不愿意去做而是他们不知改变自己究竟是要改变自己的哪些东西？又该从何处入手？

当环境改变了之后，大多数情况下，我们与环境的冲突是不可避免的，而与我们发生冲突的环境又可以分为看得见也摸得着的物理环境，比如，新的写字楼，新的地理坐标，等等。除此之外还有一种看不见也摸不着的人文环境，比如，一个公司的文化。

对于在大城市生活的人来说，与物理环境的冲突很好理解，最典型的案例就是你住的地方距离你工作的地方太远，你经常会因为距离的原因而迟到。这种情况下你只有两个选择，一是辞职，找一家离你家比较近的公司；二是搬家，搬到公司的附近居住。这两种行为就是在改变自己。

相较于物理环境的冲突，人文环境的冲突则要复杂得多，也更为棘手。不同的企业，不同的行业，不同的地区，都会有独特的文化，这种文化通常表现在个人的谈吐、称呼、生活习惯以及饮食习惯等方面。比如，台湾地区企业的内部文件大都是繁体中文，金融行业内整体氛围偏向于严谨，穆斯林具有独特的饮食习惯，等等。这些方面的冲突可能让你感到很不习惯，解决这些冲突也不可能做到一劳永逸，只能慢慢去学习，慢慢去习惯，慢慢去改变。

与你发生冲突的那个人，他的身上就融合了物理和人文两方面的环境因素。除此之外，人与人之间本来就存在的价值观不同的冲突会使所有的冲突更加激化。当你周围的世界改变了之后，你不能很好地融入到新的群体里面，这时你不用有过多的怀疑，大多数的情况下问

题出在你身上,你需要去改变自己来适应这个新的世界。

与你直接发生冲突的是某个人,你的改变也应该从你们彼此间的冲突入手,下面的办法能让你的改变更加高效和精准。

毫无保留地列出自己的不当行为

这里的不当行为指的不是你的错误,你与新环境发生了冲突不代表你做了不对的事情,而是你的行为不符合新环境的要求,这种行为可以成为不当行为或者过失。

反思一下在日常的工作和生活中,你的哪些行为被其他人视为不当的行为,或者哪些行为很明显地与周围的环境不和谐。把这些行为毫无保留地列出来,这就是你需要改变的地方。

告诉另一个人你做的蠢事

这是一件非常有挑战的事情,我们必须将所有的脸面全都丢掉,忍受一些"耻辱",只有这样我们才能更加深刻地认识自己,更加彻底地改变自己。

当然,我们要选择一个可靠的人去相告,以确保这个人不会把我们的蠢事当作笑料说给更多的人去听,也不会对我们进行嘲讽,他能真心诚意地听我们倾诉、检讨。

支付赔偿

当你与外界发生冲突时,感到不舒服的不仅仅是你,对方同样如此,但大多数人只在乎自己的感受。当你想要改变时就要把对方的感受也考虑进去,为自己给对方造成的不便支付一些赔偿,比如,及时地道歉,或者用一些实际的行动来偿还。这样的行为会让你给他人留下更加深刻的印象，你的改变也会因此而更加彻底。

与外界发生冲突时往往不是对与错的问题，而是习惯与否的问题，调整自己，让自己去习惯这个不断变化的世界。

7. 不断修正目标，避免徒劳努力

在做一件事情之前，我们都喜欢制订一个计划，或者划订一个目标。但真的执行起来又发现，事情往往与我们的计划或目标相左，这时候我们需要及时地修正目标而不是盲目地去努力。在前行的路上，当你知道了自己的方向是错误的之后，及时地停下来就是一种前进。

徐璐听说步行街新开了一家餐厅，其菜品味道非常独特，就和闺蜜约好了周末一起去品尝，午饭过后可以再一起逛街，逛累了就去看最近正在热映的电影。

但当她俩怀着满心的期待来到这家餐厅时却发现里面早已坐满了人。已经有些饥饿感的徐璐提议换一家餐厅随便吃点儿，闺蜜却宁愿多等一会儿也要尝尝这家的菜。后来徐璐经不住闺蜜的软磨硬泡就陪着闺蜜一起等位。

她俩足足等了一个半小时才有了座位，点菜时又被服务员告知特色菜品已经卖光了，俩人本打算随便吃点儿就去逛街，可这家餐厅做菜的速度偏偏又很慢，这让身心俱疲的徐璐很是窝火，等她俩吃完已经是下午三点了。

午饭后，徐璐已经没有逛街的心思了，她提议直接去看电影，但闺蜜说她看上一件外套，今天打折，非要去买不可。徐璐只好陪着闺蜜去逛街，逛完街后徐璐已经累得走不动了，她只能放弃那部特别想看的电影直接回家，一个美好的周末就被这样搞糟了……

一件事情开始之前都要制订一个目标，以此来合理地规划自己的行为。但真正执行起来却发现，有的目标很难去执行，面对这样的情况，在不允许放弃的前提下有两种选择，一种选择是迎难而上，坚持下去，努力去克服一切困难；另一种选择是随机应变，及时地根据当下的实际情况来调整自己的目标，然后在新目标的指导下，开始新的努力。毫无疑问，相比之下第二种选择更为高效。

目标的制订是在一件事情开始之前，而制订目标的依据是以往的经验、具体形势的分析与总结以及一定的想象。而这些虽然有一定的合理性，但毕竟只是一种模拟，模拟中想象的成分要占到很大一部分。人的想象力毕竟是有限的，难免有一些细枝末节的东西是想象力无法触及的，这就直接导致了执行的过程会背离当初的预计。

而切实地执行一件事情本身就是一个极其复杂而又多变的过程。执行过程中很可能遭遇到各种预想不到的难题以及一些突发的变动，这又导致了预想与现实的冲突，冲突之下如果仍然按照原先的计划去实施难免会与当下的实际情形相违背，由此而犯下不知变通的错误。

除此之外，还有一点容易被我们忽视。我们在制订目标时所预想的执行过程是一个完全的、成功的过程，也就是说中间不会有丝毫的偏差，而真正执行起来却是很难达到这样的理想程度。在执行的过程中，一旦出现了明显的失误，原先制订的整个计划都将成为一纸空谈。

所以，灵活多变指的就是要在计划的执行过程中根据实际情况不断地修正目标。而目标的修正又分为局部的目标修正和整体的目标修

正。这两种不同的目标修正所指代的范围通过字面意思即可理解。针对这两种不同的目标修正，需要采取的措施和力度也不尽相同。

以下方法能在目标修正中帮到你。

多留一个选择

我们在为目标制订执行计划时总是遵循着"第一步如何如何，第二步怎样怎样"的固定模式，这就直接把可能存在失误忽视了。这样的计划好比一个环环相扣的链条，一旦其中某一环出了问题，则整个计划都会受到影响。

为了避免这样的情况发生，在计划的制订过程中，你需要多给自己一个选择，在执行的每一步中都把失败考虑进去，以这样的模式来制订计划"第一步如何如何，万一做不到就这样做"，如此一来你的计划将以一个脉络状的形式呈现。

简化计划

脉络状的计划表是不允许你的计划过于复杂的，所以，你需要把你的目标精简，只留下大的脉络，而细枝末节的东西就留给犯错和自由发挥。这样做，一方面可以避免目标过于复杂而导致与实际偏差太大，另一方面则给执行时留下了足够的空间去随机应变。

用铅笔来写计划

铅笔的好处是可以擦除，用铅笔写下的计划可以随时进行调整，这是一种"无招胜有招"的办法。

事情的实际执行过程中常遇到这样的情况：事情按照原定的计划执行了一半，突然发现无法再继续执行了。这是计划出了问题，这时你就可以用橡皮把不能执行的计划擦掉，再根据当下的情况，重新写出下一部分的计划。

一成不变的目标大都是理想状态，执行时根据实际的情况及时地调整自己的目标才能让自己的努力更加精准。

终极进阶，资质平平也能逆袭未来

第十一章

进阶力

从被动努力到主动进取

1. 适当离群，做更优秀的自己

"合群"这个词，究竟是一个褒义词还是一个贬义词？如果说是褒义词，为什么我们每次"合群"了之后并不开心？如果是贬义词，为什么每次被他人说"不合群"的时候我们会感觉不舒服？我不知道"合群"究竟属于哪种词性，但我知道想要更加优秀，就必须学会适当地"离群"。

张欣在部门里是骨干级别的女强人，她的收入和地位都远远超过公司里大多数同龄的女性。但她在公司里并不开心，这是因为她总被其他同事孤立。

平时无论是中午吃饭，或者是晚上下班，同事们都是三三两两的，只有她形单影只的一个人。除此之外，公司里有各种各样的小团体，比如，周末一起逛街的小队伍，一起唱歌的小团体，这些团体也都不会有她的身影出现。原来，正是因为她不常在这些小团体里出现，所以才被同事们孤立的。

周末大家都在忙着疯玩的时候，她会一个人参加培训班，或者是泡书店，甚至是加班，她想以此来提升自己。果然，效果很快就显现出来了，她在工作上进步很快，但也逐渐被同事们隔离了……

现在她想通了,自己的做法并没有哪里不对,想要变得更好就要有自己独立的空间,既然同事们都孤立她,那就借着这个机会跳槽吧!

生活中,我们经常会陷入选择"合群"还是"独立"这种左右为难的境地,但在现实生活中,我们通常都会舍弃独立,而选择合群。这是因为人都有合群的本性。社会心理学认为:在群体中,对于同群体保持一致的成员,群体的反应是喜欢、接受和优待;而对于那些偏离者,群体则会予以厌恶、拒绝和制裁。在这种"赏罚分明"的待遇下,我们会自然而然地选择合群。

这揭示了一个道理:合群与否与你优秀与否没有多大关联。你不合群是因为你的行为模式和认知模式与这个群体并不吻合,而不是说你不如群体中的其他人。

还有一点很有意思。如果留心你会发现,那些被群体排斥的一般都是比群体中大多数的人都优秀的人。这样看来,如果你不被一些群体接受,并不需要因此而患得患失、郁郁寡欢,因为这极有可能是因为你太过优秀而受到了排挤。

其实,如果你想要变得优秀就必须有一个"离群"的过程。在群体生活中,你的独立性会逐渐丧失。当一件事情发生时,你首先想到的不是自己应该怎样去解决,而是先征求群体中大多数人的意见。久而久之,你会失去独立思考的能力,也会失去独立解决问题的能力,遇到事情没有主见,总喜欢依赖他人。

在群体中的你其实也并不快乐。每个人都会有自己的不同的价值取向,但这在群体中是不允许存在的,为了拉近群体中彼此的感情,你会让自己的想法有意识地向对方靠拢,最终形成一个被大家共同接受的看法。一旦你有所偏离,就会产生一种恐慌感,而当你接受的时候,你就加深了一份偏见。在这两种极端之间行走的你又怎么会真的快乐,这就是我们常说的"心累"。

网络上有一句话说得很好:低质量的社交,不如高质量的独处。与其让"合群"来浪费生命、折磨自己,不如用高效的独处来让自己变得更加优秀。

以下方法能让你的独处变得更加高质量。

一个人的旅行

旅行是一个十足的体力活,人在体力消耗严重的时候往往会变得很暴躁,因此,和他人旅游时吵吵闹闹是难以避免的。如果你真的想要放松自己,那就选择一个人去旅行。吃自己想吃的,看自己想看的,拍自己认为最美的风景,一切都从自身的喜好出发。

需要注意的是,一个人的旅途要避免去那些人迹罕至的景区,以免发生危险。

学一门艺术

艺术能很好地陶冶人的情操。你可以根据自己的切身条件学一种乐器或者学一学画画,也可以自己练一练书法。这些东西会让你整个人都舒缓下来、平静下来,这样的独处时光能让你得到彻彻底底的休息。

读书写书评

当然,最适合一个人做的事情,那就非读书莫属了。一个人的时候翻开一本最想读的书,不急不缓地读上几页,让自己的意识全都被书本的内容所吸引,读到有所感悟时随手写出来,等到一本书结束

了,再整理出一篇书评。一篇篇汇集起来的书评是你看得见的进步,而你的谈吐举止则是你看不见的进步,读书的你就是在进步。

《论语》中说:"君子周而不比,小人比而不周。"别把小人之间的勾结误解成君子之间的团结。既然合群让你难受,那就离群去做一个更优秀的自己。

2．方向对了，勤才能补拙

"勤能补拙"的古训给我们带来一个希望：只要付出足够的努力，就能赶超他人，至少也能和他人的水平持平。这就等于说但凡自己还有不如他人的地方，都是因为努力不够。但事实却并非如此，我们常常会遇到无论怎么努力终究差他人一截的情况，这是因为方向错了。

韩岩到公司已经快一年了，与他同时进公司的那批同事大都能独立完成一个小的方案了，只有他偶尔还需要老员工指点帮忙。

这并非因为他不够努力和用心，他每天都是第一个到公司，最后一个离开公司，每一次的任务他都尽心尽责地去做，不懂的、不会的他也会去请教其他人。因为进步得实在太慢，所以他每天睡觉前还会琢磨一会儿工作的问题，但这好像并没给他带来显著的提升。因此他经常被前辈们说"脑子不灵光"。

因为持续性地在公司里找不到成就感，他索性辞了职，转而做了一名培训机构的老师。站上讲台的那一刻，他感觉自己就是为讲台而生的，心中充满了说不出的兴奋感。第一次面对众多学生时他就表现出了"老教师"特有的从容与幽默。之后，为了使自己的教学内容更

加精彩,他除了深入学习专业知识外,还大量阅读。渐渐地,他成了培训机构里最受欢迎的老师。

通常,我们在某方面相对不足的情况下,想到的首要解决办法就是努力,我们总是默认"做得不够好是因为还不够努力"。这样的想法很可能让我们开始一种无休止的付出,却从没想过是不是自己的方向错了。一旦方向错了,付出再多的努力也是白费的。

"做得不够好是因为还不够努力"这样的思维是我们在学生时代培养出来的。在学生时代的竞争中只提供了"成绩"这一个考核标准,它也是我们证明"自己是优秀的"唯一出路。成绩上的优秀是可以通过努力来获得的,因为学生时代的成绩其实是在考核一个人对文字的理解程度、对公式应用的熟练程度以及对某些特定内容的背诵或记忆程度,而这些都是可以通过更多的付出来得到提升。因此,十余年的读书生涯使我们形成了"做得不够好是因为还不够努力"的思维,并进一步把这种思维带到了工作中。

但工作后你会发现,很多能力或者素质是无法通过努力来获得的。就比如有的人天生就擅长和他人打交道,有的人却在这一方面表现得很欠缺。这时"做得不够好是因为还不够努力"的思维会在不经意间让我们去付出更多的努力,但是,职场上讲求的是利益和效率,任何一个老板都不会请你到公司去学习和提升,公司存在的目的是为了赢利,你不能给公司带来利益就只能被扫地出门。

因此,在职场上遇到自己无法用努力来弥补的差距时,最应该做的就是辞掉这份工作,重新找一条真正适合自己的路。要知道一个人可供选择的职业并不唯一,而选择最佳职业的依据不是你所学的专业,也不是你的兴趣。一个正确的职业定位是由求职者个人的性格特点、知识技能、宏观产业和兴趣天赋这四种不同的因素交织决定的。

以下方法能帮助你给自己的职业生涯做出更加合理的定位。

"兴趣 + 专业"定位法

兴趣往往能在一定程度上代表你的潜在能力,而专业则代表的是你已经掌握的一些实用性的技能。用"兴趣+专业"定位法能帮那些刚步入职场、职业技能相对单一的年轻人找到第一份满意的工作。比如你学的是化工,但你的兴趣是英语,你就可以去一些有对外业务的化工企业做客户的接洽工作。

具体操作是把自己所学专业中涉及或者自己实际掌握的技能一一罗列出来,再把自己感兴趣的行业一一罗列出来。然后把两者能很好地结合起来的地方用线连起来,这样就能确定出一个就业的大概方向。

"兴趣 + 特长"定位法

有的人本身专业性不够强,但在自己的专业之外有一些特长,这些特长其实就可以代替专业与兴趣结合起来,为自己定位一个求职的方向。比如,你学的是环境工程,但自己的文字功底特别好,大学的时候还发表过文章,而自己又对篮球非常感兴趣。文笔流畅和篮球方面的兴趣可以为他提供一份篮球记者的工作。

"天生我材必有用"还是很有道理的。如果你依然没有发挥出应有的作用,很可能不是不够努力,而是没有选对方向。

3．学历低，职业发展的出路在哪里

前段时间网络上流传出一个视频，内容大意是：据一个资深的人士透露，虽然现在很多公司在招聘的时候都不会有明确的学历限制，但他们在背后筛选简历时会把"985，211高校"毕业生的简历放在一起，而对于其他的简历他们只会简单地翻一翻，有时候可能翻都不会翻。那这是不是说低学历的人就没有出路了呢？

小刘是一位资深"北漂"，八年前他拿着一张大专文凭来到北京。最开始他从事的是广告行业，因为学历比较低，在广告公司里他只能做一些最基础的工作。在广告行业里做了几年，见工资没什么起色，也没有晋升的空间就转了行。

他听说销售对学历要求不高，于是他选择的第二个行业就是销售。做销售的那段时间里，他格外地努力，为了提高自己的业绩，他参加了各种各样的培训。最开始，他的业绩的确提升了一些，但往后再也没有明显的提升了。

后来小刘又辗转在各行业、公司之间，八年过去了，他尝试了很多不同的工种，但学历低这个门槛他始终没能找到迈过去的方法。现在他常常想："是不是低学历注定没有出路？"

在如今这个社会，如果有人跟你说学历没有用，那他一定是在骗你；如果有人跟你说高学历的人都会混得很好，那他也是在骗你。一个人的收入、社会地位跟学历有关系，但学历并不能起到决定性的作用。

在我们熟知的科技大咖里，锤子科技的创始人罗永浩高中都没有毕业；同样是高中没毕业的还有汽车之家的创始人李想。在这个对学历要求极高的科技行业里尚且有低学历的成功者，更别说其他行业了。学历的高低并不会让人有明显的行业差距。

在如今的职场中存在着这样一个潜规则：本科生入职后月薪是5000元，研究生入职后月薪是7000元，博士生入职后月薪是9000元。表面看来在如今的职场中收入仍然还是由学历来决定，但请不要忽视了工作经验这个关键的因素。平均来看，在同一行业中，拥有三年工作经验的员工，他的薪资要比没有工作经验的员工高出2000元左右。以此类推，拥有五到六年工作经验的员工薪资要比只有三年工作经验的员工再高出2000元左右。

我们可以算一笔账，两个本科毕业生，一个选择工作，一个选择读研读博。假如选择深造的那位毕业生在之后的两次升学考试中都能顺利通过，并且顺利拿到学位证书，那么他至少需要花五年的时间，五年之后他入职时的薪资是9000元。而那个选择工作的毕业生，此时也有了五年的工作经验，他的薪资同样也能达到9000元上下。因此学历并非提升薪资的唯一出路。

这时就会有人站出来说："在晋升时有严格的学历要求怎么办？"真的到了晋升的阶段，你会发现，其实学历是最好过的门槛，如果你在工作中表现得足够出色，公司也有培养你的意愿，那么你可以在工作时参加在职研究生考试，以此来满足晋升时学历的要求。

因此，职场中还有这样一个潜规则：高学历+名企工作经验=背景不错，普通学历+相关领域五到十年工作经验=行业专家。总听人说在如今的职场中，员工的能力排在所有素质的第一位，在五到十年的工作经验中，包含的最珍贵的东西就是你一点儿一点儿提升起来的能力。

还有人会说："这都是建立在本科学历基础上的，可我连本科学历都没有啊！"在如今的职场，本科学历基本上已经成了求职者的"标配"，如果你没有本科学历也是有出路的，不少技术类的行业要求的是实际的手艺而不是一纸文凭。比如，一个大专毕业的朋友，毕业后就参加了健身教练的培训，现在他在一线城市做健身教练，但反观那些本科毕业的反而没有他赚得多。

以下小建议或许能为学历不高的你找到一条出路。

参加技能培训

如今，不管你学历高低，学习都是不能停止的，学历不高的你可以参加一些技能类的培训，踏踏实实掌握一项技能，这项技能至少可以成为你谋生的手段。如果你在这方面做得格外突出，还有可能凭借这项技能跳进另一种人生中。

提升学历

当你学历不够高，却又想从事那些对学历要求较高的职业，你可以通过自学、考试来提升自己的学历。还可以根据自身的实际情况和工作需求，选择不同的考试来提升自己的学历。

选择学历要求不高的行业

如果你学历不高,也没有提升学历的打算,又对职业没过多的要求,那就选择一个对学历要求不高的行业,依靠自己的努力和能力来为自己闯出一条出路。

俗话说:三百六十行,行行出状元。这并不是一句空话,如今,行业又何止三百六十行,只要你做到了极致,都是人生的一条很好的出路。

4. 没好的出路前,先把工作当事业

你有没有想过,在忙忙碌碌的工作中你在追求什么?财富、社会地位、人生价值的实现,抑或是什么都没有追求,只是因为"必须工作"。要知道你用怎样的心态去工作,就会收获怎样的结局。

王凯是一名高中历史老师。在同学们眼里,这位年纪轻轻的王老师有点"魔怔"。这是因为王凯每次讲课的时候都会陶醉其中,他在课上点评某位历史人物时总是引经据典、慷慨陈词,浑然不顾同学们异样的目光。

原来王凯自幼就非常痴迷中国史,他大学主修历史专业,研究生又专攻中国史。他从大学时就开始读二十四史原著,每天半卷,从不落下。后来当了高中老师,别的老师备课都用的是"某某教师用书",而他备课向来都是自费买来的专著,他说这样能力求严谨。

他的这些付出并非没有回报,因为课讲得精彩,他成了全校最受欢迎的文科老师。有的时候,学校的教研组还会邀请他给学校里所有的历史老师培训。不过几年时间,他就被邀请加入了市历史学会。现在,一方面他正在筹划着出版一本自己的史学小书,另一方面他正在为自己的考博积极准备着。

同样是每天在办公室里忙来忙去，忙的似乎也是一样的任务，甚至任务完成所耗去的时间也相差无几。然而有的人在这样的忙碌中脱颖而出，有的人只能无休止地重复着眼前的这种忙碌，没有显著的进步。导致这种差异产生的原因是这两种人在以不同的心态忙碌着。可以说前者把手中的这份工作当作了自己的一份事业，而后者仅仅把这份工作当成了用来谋利的职业。

"事业"和"职业"仅一字之差，但它们包含的意义却有着天壤之别。我们可以从这两个词汇的准确含义入手来分析两者之间的差别，在明确其差别的前提下再探求其背后所代表的不同心态。

事业指的是人们所从事的，具有一定目标、规模和系统的对社会发展有影响的行为活动，有时也指个人的成就。职业指的是利用专门的知识和技能，为社会创造物质财富和精神财富，获取合理报酬，作为物质生活来源的工作。

由此，我们可以一目了然地看出二者之间在目的上就存在着很大的差别。事业追求的是一种长远而持久的人生意义，而职业却只是在追求人生的某一阶段获得的具体利润。这种差别导致了双方在付出周期上的不同，如果你是在为职业而奋斗，你的付出周期必将无限延长。但如果你仅仅是在从事一项职业，你的奋斗周期大都会跟你获得报酬的周期相吻合。

从个人感受的角度来说，事业和职业带给人的感受是不同的。事业在其漫长的周期中带给人的更多的是个人人生价值的逐步实现，是非功利性的。职业因其功利性的目的而导致了职业的整个过程大都是一种"煎熬"的过程。当然，事业和职业都会有功利性的一面和非功利性的一面，不同的是事业更加侧重于非功利性的一面。

正因为这样，事业和职业也给人带来了不同的回报。先说职业，

在工作中完成额定的任务之后，人会得到应有的报酬，这些具体数目的金钱可以说是你得到的几乎所有的回报，即便在这个过程中还有一些诸如成就感之类的非功利性的回报也会被你忽视。而事业则不同，它让你在工作中所得到的回报会更多，除了金钱以外，还有快乐、成就感、荣誉感、自豪感、满足感等一系列积极的情绪。

值得注意的是，做事业的人因为他们更侧重于获得工作给他们带来的积极情绪，所以他们会主动地、自发地在工作中投入更多的时间、精力和脑力。这也让他们在工作中将获得更加长远的发展。

以下方法能帮助你把手中的这份工作当成一种终身的事业来做。

记录工作成果

把工作当事业来做的人会更看重工作中获得的成就感，而成就感大都是由工作上的进步或工作中获得的荣誉来获得。荣誉是可遇而不可求的，但我们可以在工作的进步中寻求成就感。

把你阶段性的工作成果以照片或者明确的数字等形式记录下来，一段时间之后把他们拿出来放在一起，整个进步的流程就呈现在你的眼前了，特别是第一条记录和最后一条记录对比产生的差距会让你产生更加浓重的成就感。这样做能让你把工作的侧重点从薪资上转移出来，也能让你在工作中得到更多的收获。

更深入地了解你的工作

任何一份工作都会产生一定的社会价值，只不过大多时候你并不关注这些，也正因为不够关注，你正在逐渐丢弃工作带给你的个人人生价值的实现。深入了解你的工作，把重点放在了解它产生的社会价值上，你会发现每一份工作都是神圣的，这样的思想能让你更加钟爱你的工作。

就如同综艺节目《我是演说家》第三季中的英语培训师说的:"教育的终极目的就是为天地立心,为生民立命,为往圣继绝学,为万世开太平。"这样的崇高使命会让人对教师这份职业肃然起敬。

把你的工作当成自己终身的事业,你会因此而获得更多。

5. 百万年薪是规划出来的

很多人都认为人的一生能走多远是由所谓的"命"和"机遇"这些玄妙且不可控的因素决定的。但通过观察,我们发现,那些年薪百万的人都有着一个清晰的职业规划,这个职业规划让他们越走越远。

电气工程专业出身的徐辉2003年大学毕业后,在某民营企业做了一名普普通通的电气工程师。说是工程师,其实和普通员工没有多大差别,每天在不见天日的车间干活,不同的是他每天面对的是机器,而员工每天面对的是流水线。那时他的月薪只有2500元。

后来公司接了一个大项目,合作方是德国某企业。在合作中只要一有机会他就往德国工程师身边蹭,即便是听不懂对方在说什么他也会专心地在一边看着。后来合作顺利完成,他因此而升职为技术工程师,此时他的月薪涨到了4500元。

经过上一次合作,徐辉知道在他们这一行里,德国的技术可以说是全球领先的,他就在业余时间报了德语班,学起了德语。2010年的时候,凭借着七年的工作经验和德语的底子他跳槽到了一家德国企业,月薪涨到了1万元。在德国企业里待了不到两年的时间,他获得了去德国培训的机会。归国后他被一家民营企业挖走,对方给出的薪资是年薪300万元。

通过对年薪百万的人进行观察,我们发现他们大多对自己的职业生涯有一个清晰的规划,也许他们并没有对自己的薪资做出具体的规划,但对职务的升迁却做出了明确的时间限定。除此之外,他们大多具有持续性学习的能力,在工作中发现实际需要而自身缺乏的技能或知识时,他们会主动地去弥补自己知识或技能上存在的漏洞。

除此之外,大多数年薪过百万的人都至少拥有本科学历。读过大学的人在回忆自己的大学生涯时总会认为自己没学到什么实质性的知识或技能,但大学对人的改变并不只是知识和技能领域,在大学里你获得的是思维方式和认识模式的改变。可以说一个人的思维方式和认知模式能决定这个人一生发展的高度。

在大学里获得的一切收益都可以说是浅层次的,或者说是理论上的,只有到实际工作中去应用、去感受才能让这些理论上的财富变成你自身不可分割的一部分。因此,年薪百万的人在某个行业至少拥有五年的工作经验。五年以上的工作经验才能让一个人对某个行业形成一种相对清晰的认识。至少五年的工作经验也可以让一个人完成从大众到精英的蜕变。

具体而言,在这至少五年的工作经验中,一个人首先要在实践上做到精通,对实践中每个细节都能做到了如指掌,并且拥有参与大项目的经验。在精通实践的基础上还必须培养出一定程度的管理能力,这是实现一个人从执行者到管理者身份转变的重要环节,也是实现百万年薪的关键一步。

再前进一步,就能实现百万年薪的梦想了。但这样高的薪资也对你的能力提出了更高的要求,年薪百万的你需要具备风险识别能力和

管控能力。可以说这是更高层次的"把关"能力。你的这种能力将影响到这个公司的发展与走向,因此,也将承担极大的责任与风险。

以下方法能帮助你对自己的职业生涯做出清晰的规划,帮助你尽早实现百万年薪的梦想。

主动申请参加大项目

长时间在小的项目中摸爬滚打,你虽然很容易获得成就感,但也容易让你的职业能力陷入瓶颈期,长期无法得到突破。主动参与到大的项目中,纵然只能做一些边缘性的工作,你也可以清晰地感受到大项目的整个运营流程,反观自己也能发现自己能力的不足之处,这样你下一阶段的奋斗方向也就因此而清晰明了了。

了解你的领导

在不转行的前提下,你的顶头上司的模样大概就是你职业生涯下一个阶段的模样。对你领导的了解可以让你清楚地认识到自己要想在职场上更进一步,必须具备怎样的素质。

除此之外,你需要尽可能详细地了解自己领导的薪资待遇、工作经历、学历水平,当然,年龄也是必须要了解的重要信息。这些信息尽量在日常的工作中慢慢地去了解,之后你对自己职业生涯的下一个阶段也就有清晰的认识。

弥补知识和技能漏洞

在职场中,想要有更好地发展,自身的能力永远是最硬性的指标。经过若干年的工作你会发现,阻碍你工作能力提升的往往就是我们当初认为没有用的理论知识,而某种职业技能的缺失也将让你在行业的某个分支中留下空白,这些都会直接限制你的发展。

工作之后,你需要不断地进行理论知识的学习和职业技能的培训,必要的时候你甚至要辞掉手里的工作,返回校园去提升自己的学历。

自己的人生并不全都由命来决定,就拿薪资来说,一个清晰的职业规划能帮助你达到出乎自己意料的水准。

6. 试着比他人多想一步

以前我总以为人和人的差距是由某个机遇拉开的，后来我才渐渐明白，机遇确实能拉开人与人之间的距离，但它的前提是在机遇来临之前你有足够的积累。说白了，还是一个量变到质变的过程。无论做什么都比他人多想一步，日积月累，你就会领先他人一大步，而当机遇来临时，你会借着这个跳板更上一层楼。

王亮是一位快递小哥，固定地负责一小片区域的快递配送工作。他为人热情，每次送快递时都非常有礼貌，临走时还会真诚地问一句："您这儿有什么需要捎下去的垃圾吗？我顺道拿下去。"就这样，他成了这片儿居民的"老熟人"。

混熟了之后，居民们有什么需要寄的快递就不去找快递寄存点了，都直接联系王亮。渐渐地，王亮有了一批固定的客户，他靠着这个，收入增长了不少。后来，领导见他业务能力突出，就让他负责起了新人培训的工作。对他来说，这不仅让他的收入翻了一番，还算是一种升职。

其实，很多时候，那些优秀的人之所以优秀，就是因为凡事都比他人多想、多做一步。少做了这一步也许并不会对你带来什么负面的影响，但多做这一步却能让你"锦上添花"，而这一步也恰恰就是能力的体现。

在你多想、多做的那一步中,首先体现的就是你对这件事情的态度。一件事情,如果你抱着积极的态度去对待它,自然会在这方面多花一点儿心思,正是这多花了一点儿的心思,让你在中规中矩地完成任务的基础之上,又多想了一点儿,多做了一点儿。当你的竞争者怀着消极态度做这件事情时,这一步就被省去了。

两相比较,虽然同样是完成了任务,但他只能算是合格,而你却可以称为出彩了。这也是平凡和杰出的一种体现。

除了能体现对待事情的态度,你多想、多做的那一步也是你换位思考的一种体现。不知道你有没有这样的感受:他人的一些额外的小举动会让你感到格外的贴心。这是因为,他恰如其分地解决了你正想解决的小问题。而在这个小举动的背后是他主动地站在了你的角度思考问题。

做事的时候多想、多做一步就是这个道理。这样的小举动能增加对方对你的好感,在某种程度上能拉近你们之间的关系。在这个重视合作也重视细节的时代,你多做的那一点儿就有可能带来一些意想不到的收获。

其实,多想、多做的那一步是思想和行动的延伸,是一种有远见的表现。能做出这样的举动,说明你在这件事情上有着丰富的经验,你多想、多做的那一步既可能是一种防患于未然,也可能是你对未来的一种预测。这些仅仅依靠丰富的经验是做不到的,在经验丰富的基础上你还需要有一个归纳总结的过程,接着你还必须进行深入的分析。这些能力也是一个优秀者必须具备的素质。

做事的时候能比他人多想一步、多做一步是一种能力,这种能力首先从你对待这件事情积极的态度上产生。接着,通过问自己以下几个问题,可以让自己在这方面的能力有所加强。

我做这件事情的目的是什么

这个问题要多问几遍,并且要反复地追问下去。比如,你在做广告策划,在开始构思一个方案之前你要问自己:"我做这件事的目的是什么?""是为了让客户满意。"然后你要接着追问:"客户的目的是什么?""赢得关注,打开市场。"接着再追问:"赢得关注,打开市场的目的是什么?""扩大市场,提高市场占有率。"……

在这样的追问中,你会一步步地把下一步需要做的工作都考虑进去,也就能实现多想一步、多做一步了。

怎样才能做得更好

做事的时候多想一步、多做一步最直接的目的就是要把这件事情做得更好。但带着这样的想法去做事并不能在实际行动中让你产生更多的动力,所以,你需要把这个问题清晰地问出来:"怎样才能做得更好?"在这样的提问下你才能有意识地去思考更好的解决方案。

怎样做能让对方更加满意

任何事情都有一个需要对其负责的人,这个人通常是我们的领导,而领导直接掌控着我们的去留、升降大权。所以,我们在充分考虑事情的各个方面的基础上,还要试着揣摩领导的脾性,问自己:"怎么做才能让对方更加满意。"

这并不是一种巴结行为,领导往往代表着任务完成的标准,你在任务完成的基础上按照领导的心思再多做一点,其实也就让事情变得更加完美了。

做事时多投入一些热情,多花点儿心思,凡事多做一步,久而久之,你就能领先他人一大步。

7．凡事要能预见未来

电影《夏洛特烦恼》中的夏洛在现实生活中一无是处，就连出席"女神"秋雅的婚礼都与司仪撞了衫。婚礼上喝得大醉的夏洛在洗手间吐着吐着就睡着了。

在睡梦中他带着当下的知识和思维回到了过去，掌握了"未来信息"的他在过去的世界里可以说是在没有经历任何波折的前提下，就从一个普普通通的坏学生变成了一个众人皆知的明星大腕。回顾他的成名之路，无一不是在利用"未来的信息"。

他趁着许巍等知名歌手还没有出名时，就把他们的作品以自己的名义发布了出去，进而引起极大的反响，他也因此而成名，随后他又依靠打压周杰伦等歌手的崛起来确保自己在乐坛的统治级地位。

这部电影虽然荒诞滑稽，但它在无意间揭示了一个道理——能预见未来的人能创造历史。这也是大多数"穿越类"影视作品受欢迎的核心所在。在现实生活中，我们无法获得来自未来的资讯，却可以通过对当下进行观察和总结，以此来对未来进行某种程度上的预测。不可否认，现实生活中的确存在着一批预测能力极强的人。

通常情况下，我们把这种人称为"有远见的人"。有远见指的是

某人或某些人对事情的发展事态拿捏得很准确,能根据自己的判断对这件事情提出自己的看法,或者做出相应的对策,使自己免于某个灾难、困苦或者成就自己的事业。丹尼尔·伯勒斯在其著作《理解未来的7个原则》中将这种能力定义为"远见力"。

远见力是一种基于对目前情况的分析总结最终得出一定推导结果的能力。远见力的背后有严密的逻辑推理和大量的调查研究作支撑。可以说远见力对未来的预测是建立在确定性的基础上的。

远见力首先体现的是一个人的信息搜集、整合与分析能力。要对未来做出一定程度上的预测靠天马行空的想象是行不通的,必须要有足够的依据来支撑,这些依据只能来自当下。通过对当下信息的提取、搜集整合与分析最终对某件事物的发展规律达到一定程度的把握,再结合以时间的维度得出事物大概的发展趋势。

因此,具有远见力的人总能做到洞察先机,这也是远见力的核心所在。如今,一切都处在不确定之中,我们永远无法知道这个世界下一个阶段会变成什么样子,因此,能做到洞察先机在某种意义上就相当于预见了未来。但人毕竟还是活在当下的,远见力能让人更好地把当下与未来结合起来,既能把握未来又不会荒废了当下。

最终,远见力带给我们的是对某个行业重新定义的机会和实现再创造的可能。未来永远是属于变革者的,就像当初乔布斯的苹果手机和平板电脑变革了整个移动互联网领域一样。远见力让人依据整个行业的变化趋势,对行业未来的走向做出正确的预测,当这种预测被应用到商业中时,全新的产品在某种意义上来说就是一种再创造,此时,整个行业也就实现了重新被定义。

从个人的角度来讲,远见力也能给我们带来实质性的好处。在这个一切都可能被人工智能代替的时代,远见力能帮助我们成为一个不可被替代的人。

以下办法可以提升你的远见力。

观察你关注的领域，把具有周期性的东西罗列出来

在远见力的预测中，周期性是一种极其重要的依据。它能反映一种事物总体上的变化规律，这个规律至少可以让你做到规避风险，这也是一种极其重要的预知能力。

描述行业的发展趋势

任何行业都有一个大的、明确的发展趋势，拿智能手机行业来说，不断提升"屏占比"就是此行业最明显的发展趋势。描述某个行业的发展趋势可以对行业的演进和发展有一个整体上的把控和了解。在此基础上你才能形成一种对未来的预测。

写出你认为在几周或几个月之后可能会发生的事情

这是一种远见力的训练。当你在对某件事情做出预测时，会不自觉地进行信息的搜集、整理与分析，在此基础上你才能得出某种结论。最开始的时候，也许你的预测并不准确，但多次以后，你的分析就会越来越合理，你搜集的信息越来越能够切中要害，你做出的预测也将越来越接近事实。

凡事往前看20年是一种能力，它也被称为远见力。

8．断舍离，给人生做减法是进阶的终极智慧

通常情况下，我们的人生做的都是加法。你账户里的余额越来越多，衣柜里的衣服越来越多，认识的人越来越多，心中的事越来越多……你把这些东西都视为财富，但财富的增加真的让你进步了吗？如果没有，那就去断舍离，给自己的人生做减法。减法才是人生进阶的终极智慧。

年少的时候吴敏总听人说："趁年轻，要多遇见一些人，多经历一些事。"那时的她把这句话奉为人生的准则，无论在大学期间还是毕业后参加工作，她都在竭尽全力扩大自己的人脉圈，工作一份一份地换，男朋友也一个一个地交。

现在她马上就要"奔三"了，不仅事业不见丝毫起色，而且身边也没有一个值得托付终身的男朋友。而当初她拼了命结交的那些所谓的"朋友"渐渐地都成了她生活中的负担。一到周末，各种酒局饭局接踵而来，这让她的身体得不到很好的休息，长期处在疲劳之中。她这个年龄段又是结婚的高峰期，应接不暇的份子似乎要榨干她的积蓄。

最可怕的是每到夜深人静的时候，以前那些伤心的经历就会莫名其妙地浮现出来，让她整晚整晚地失眠……

在人生的初始阶段，都会经历一个长期"做加法"的过程。在这个阶段我们贪婪地摄取营养来换取身体的成长，也孜孜不倦地吸收各种各样的知识技能。工作之后，我们一方面忙着积累工作经验和人生阅历，另一方面也在有意识地扩张自己的交际圈，同时还不忘增加自己的积蓄。这是一个人必须要经历的过程，这个过程的积累是为了确保在人生的下一个阶段我们拥有足够的生存资本。

但这个"做加法"的过程也是有惯性的，在这样的惯性的作用下，再夹杂以人类固有的贪恋本性，人很容易在不断积累和扩张中迷失自己。人生初始阶段的积累和扩张是为了下一个阶段更好地生存，但当你在其中迷失了自己时，就丢掉了这样的初衷，你的积累和扩张也就变成了贪婪、欲望和野心。在这三者的支配下，你的人生始终在疲惫中漫无目的地追逐，却不能精准地进阶。

贪婪、欲望和野心除了让你的努力失去焦点之外，还成了你前进路途中的负担。冗杂的交际圈正在慢慢地消耗你的时间和精力；对财富的贪恋让你畏首畏尾，逐渐变成了金钱的奴隶；复杂的情感经历也让你的心宛如一口古井，很难再起波澜，一段段美好的因缘也因此而被你错过了。

人生达到了一定的阶段，无论是物质上，还是精神上都需要经历一个断舍离的过程。现在的人都提倡"极简主义"，这与断舍离可谓不谋而合。精简脑子里积聚的东西能让你的思维变得更直接，反应变得更加敏捷；精简物质上的繁杂事物可以让你变得更加高效。这不就是你向往的进阶后的样子吗？直接、干练、敏捷、高效。

如果你现在还在被生活中冗杂的人和事干扰，以下方法或许能帮助你给人生做做减法。

整理家中物品,实操断舍离

断舍离是由日本的山中英子提出来的,起源于瑜伽中的修行,即:断行、舍行、离行。在山中英子看来,断舍离不是普通的整理术,而是由外到内的修行。山中英子解释说,断舍离就是通过收拾物品来了解自己,整理自己内心的混沌,让人生更舒适的行为艺术。

断指的是断绝让不需要的东西进入家里的念头;舍指的是舍弃那些无用的杂物;离指的是离开对物品的依赖与执念。其实就是——不买、扔、少用。而这种外在的实际行为能很好地纠正你内心的冗杂。

删掉手机里不常用的 App

我们被耗去的精力和时间中,大部分都是被手机耗去的。现在的手机功能越来越多样化,内存越来越大,每个人的手机中都装满了各种各样的App,这让我们在用手机的某项功能时变得不再高效。

比如,你想买一件外套,你很可能会将手机里所有的购物App都浏览一遍,但最后的结果与只在某一个App中浏览的结果并没有太大差别,你的时间和精力就是这样被浪费的。精简手机App对于现在的人来说是做到断舍离最关键的一步。

如果你的人生逐渐陷入了停滞,也许不是因为你积累的不够,而是你拥有的太多。适时地给自己"做减法",让自己轻装简行,极简进阶。